AF501496

LETTRES

SUR

L'ANGLETERRE.

LETTRES
SUR
L'ANGLETERRE,
ET
RÉFLEXIONS
SUR LA PHILOSOPHIE DU XVIIIe SIÈCLE;

PAR J. FIÉVÉE.

DE L'IMPRIMERIE DE MUNIER.

A PARIS,

Chez { PERLET, Libraire, rue de Tournon.
DESENNE, au Palais du Tribunat.

1802.

INTRODUCTION.

AU RÉDACTEUR DU JOURNAL DES DÉBATS.

Mercredi, 21 fructidor an 10.

UN journal vient de m'apprendre que les journaux de tous les sens et de tous les tons attaquoient mes lettres sur l'Angleterre. Comme votre journal est le seul que je lise habituellement, et qu'il n'est ni dans le sens, ni dans le ton de ceux qui veulent bien s'occuper de moi, j'éspère que vous ne me refuserez pas une petite place. Je tâcherai que ma réponse n'ait pas l'insipidité ordinaire des réfutations.

D'abord je me plaindrai des journaux de tous les sens et de tous les tons, puisqu'ils s'unissent pour m'accorder de l'esprit et du talent; cela me donne beaucoup d'embarras. Les libraires assiégent ma porte, et me tourmentent pour obtenir la permission de faire un volume de mes lettres. Il a fallu que j'y consentisse pour avoir un peu de tranquillité chez moi. Comme j'y ajouterai beaucoup d'observations; comme, pour toute vengeance, je placerai les articles qui me réfutent devant chaque lettre attaquée, vous devinez que ces malheureuses lettres vont encore faire un bruit nouveau. Ce n'est pas ma faute.

Maintenant je vais vous donner le secret des journaux de tous les sens et de tous les tons.

Tant que je me suis borné à parler des Anglais, on a trouvé mes lettres dignes d'être copiées; mais ayant été conduit, par mes observations, à reprocher aux philosophes du dix-huitième siècle d'avoir dégradé la France aux yeux des étrangers, et d'avoir égaré l'esprit de la plupart des Français, les journaux de tous les sens et de tous les tons (conduits par une seule main) ont pris l'alarme, et, suivant l'usage, ils m'ont attaqué sur tout, excepté sur ce qui les blessoit. De-là, tant de clameurs : on louvoie avant d'aborder. Qu'en résultera-t-il ? Déja ces journaux m'ont forcé à m'occuper de réunir mes lettres et mes observations en un volume; ils me forceront également à prouver que je n'ai pas attaqué les philosophes du dix-huitième siècle sans preuves, et ces preuves, je les trouverai dans les correspondances dont ils ont cru faire un monument glorieux dans leur temps de folie et de triomphe.

Le parti philosophique, divisé et subdivisé, se réunit volontiers pour affirmer qu'attaquer la philosophie, c'est compromettre le sort de la révolution. Une pareille erreur mérite d'être combattue.

La révolution a produit des effets; mais la révolution a eu des causes. Les effets de la révolution, même lorsque la morale les condamne, doivent être ménagés, puisqu'ils se lient à l'existence de tous les Français, et qu'essayer de revenir sur le passé, ne seroit qu'ajouter une révolution nouvelle à toutes les révolutions dont nous avons tant souffert. La conduite du gouvernement trace celle de tous les écrivains politiques. Plus instruit que nous par sa position, de ce qui est bien, de ce qui est mal; plus dégagé que nous de tout préjugé, puisqu'il agit sans cesse, il ménage et ménagera long-temps ce qu'il a peut-être condamné dans le secret de sa pensée; rien n'est plus sage, plus politique, plus absolument nécessaire, et c'est toujours ainsi, qu'après une révolution, on compose avec les effets qu'elle a produits.

Mais les causes morales de cette révolution peuvent être examinées sans danger; il est bon de les connoître; c'est une garantie pour l'avenir. M. Necker, dans son dernier ouvrage, et, avec lui, tous les étrangers, nous reprochent de ne plus aimer la liberté. Ils se trompent. Jamais peuple ne fut plus libre par caractère; jamais peuple ne fit, avec tant de bonne foi, plus de sacrifices pour obtenir la liberté. Ces sacrifices ont tous été malheureux; preuve certaine que nous avions pris une fausse direction. Il est donc indispensable pour nous de savoir en quoi et pourquoi nous nous sommes égarés; il est donc indispensable de chercher à approfondir toutes les causes de la révolution, et on le peut aujourd'hui avec d'autant moins de danger, que nous avons un gouvernement qui n'a plus d'autres intérêts que ceux de la nation, et qui conséquemment ne permettroit pas que les efforts de l'esprit, pour remonter aux causes de la révolution, eussent la moindre influence sur les conséquences qui en sont résultées.

Si la philosophie du dix-huitième siècle est une des causes qui nous ont empêchés d'arriver à la liberté; si l'anglomanie, fruit de cette philosophie, a aussi servi à nous égarer, tout homme qui aime son pays et la liberté possible, a le droit de juger la philosophie et l'anglomanie. Loin d'être en opposition avec le gouvernement, il n'obtiendra aucun résultat qui ne jette dans l'avenir la sûreté du gouvernement; il préviendra des erreurs nouvelles, et nous présentera enfin aux yeux des étrangers tels que nous sommes réellement, aimant la liberté qui prévient les malheurs politiques, et non celle qui les prépare.

La liberté, n'en déplaise à ceux qui ne voient jamais que ce qui est dans les livres, n'est pas une chose tellement positive, qu'on puisse l'obtenir, dans tous les temps, par les mêmes moyens et de la même manière.

Si j'attaque la philosophie, je viens de vous en donner la raison. Ceux qui essaient de me piquer, savent bien que je vis de très-bon accord avec les hommes de toutes les opinions; ce qui est d'autant plus facile pour moi, que je regarde la politique comme une chose trop grande pour en faire jamais le sujet d'une conversation de salon, et que, par goût, j'aime à séparer un homme de son esprit, pour ne m'attacher qu'à son caractère. Depuis dix ans, j'ai souvent remarqué que nous valons mieux que nos discours.

Ceux qui me reprochent d'attaquer l'anglomanie au moment où il n'y en a plus, sont de profonds observateurs dont je respecte beaucoup les lumières; mais je voudrois qu'ils m'expliquassent comment, n'étant plus anglomanes, il se fait que dans un seul mois on ait vu paroître, 1°. une brochure d'un ancien député proscrit comme royaliste, qui nous offre l'Angleterre comme un modèle parfait à imiter; 2°. un livre d'un homme qui a été deux fois ministre en France, et qui nous présente le gouvernement anglais comme une de nos deux dernières ressources; 3°. un volume d'un ci-devant grand seigneur, qui croit prouver sérieusement que si M. de Voltaire a eu *plus* d'esprit que Corneille, Racine, Molière, etc. c'est qu'il avoit été en Angleterre. Voilà, pour un seul mois, un peu d'anglomanie, je l'espère; et s'il n'étoit pas contre mon caractère de parler de ce que je n'ai point appris par mes seules observations, je citerois des traits qui exciteroient le sourire de la pitié, d'autres qui produiroient l'indignation.

Le *Journal de Paris* d'aujourd'hui, dit que *mes amis* annoncent une huitième lettre de moi, dans laquelle je ne ménagerai rien. Ce journal est mal instruit. Cette huitième lettre a paru il y a huit jours, et c'est par erreur qu'à l'imprimerie on l'a annoncée comme la septième, puisque la septième a maintenant trois semaines de date. Dans le temps qu'un des propriétaires du *Journal de Paris* lisoit les articles qu'il contient, il n'auroit pas souffert qu'on parlât à la fois de mes amis et de mes ouvrages, parce qu'il sait que je n'entretiens jamais personne de mes foibles productions, et qu'une des plus grandes contrariétés que je puisse éprouver, est d'en entendre parler devant moi. Comme on avoit la bonté de me reprocher cet enfantillage en Angleterre, j'étois obligé d'avouer que, loin de tenir à une fausse modestie, il vient uniquement de mon amour-propre, qui me persuade que je vaux mieux que mes écrits, et peut-être aussi que je ferai mieux un jour que je n'ai pu faire jusqu'à présent.

Je signe cette lettre pour qu'on ne me désigne plus comme un homme d'esprit et de talent, mais seulement par mon nom; cela est plus court, et quelquefois moins perfide.

Cette lettre s'est placée comme d'elle-même à la tête de ce volume. En l'adressant à un journal, il étoit nécessaire que je renfermasse dans un petit cadre les idées qu'elle contient; ayant maintenant autant d'espace que j'en veux prendre, je développerai ce que je n'ai fait qu'indiquer.

Il n'y a pas de mot sur lequel on soit

moins d'accord que sur le mot *philosophie ;* en bonne logique, ce seroit une raison suffisante pour ne plus s'en servir. Si, chez les Grecs, il signifioit amour de la sagesse, à la renaissance des lettres en Europe, il désigna particulièrement l'étude des sciences abstraites. Dans le siècle dernier, philosophe est devenu synonyme d'esprit-fort ou homme anti-religieux. Pour moi, lorsque je dis : *philosophie du dix-huitième siècle*, j'entends tout ce qui est faux en morale, en législation et en politique.

Cinq auteurs, Voltaire, J. J. Rousseau, Mably, Raynal et Helvétius, ont particulièrement contribué à nous empêcher d'assurer, par des lois, la liberté dont nous pouvions jouir.

Voltaire avoit l'imagination trop prompte et les sensations trop vives pour devenir jamais profond moraliste, encore moins bon politique. L'étude de la politique et de la morale n'est pas indépendante des habitudes naturelles de ceux qui s'y livrent ; elle exige une certaine gravité de caractère, beaucoup de calme dans l'esprit, et quiconque est naturellement passionné n'obtiendra jamais, comme écrivain, aucun résultat réel en morale et en politique. Si tous les hommes qui ont marqué dans la révolution se sont trompés si souvent et si complétement, c'est qu'ils portoient toutes les passions de leur ame, là où la première qualité étoit un sang-froid imperturbable; si, depuis, quelques-uns sont devenus des hommes habiles, si sur-tout ils regagnent de l'estime en dépit des préventions qui s'élevoient contre eux, c'est que les événemens les ont corrigés de leur pétulance ; ils n'agissent plus avec passion, mais avec calcul ; ils étoient déclamateurs, ils sont devenus silencieux et politiques ; ils marchent bien, parce qu'ils n'avancent plus qu'appuyés sur l'expérience et la réflexion.

Voltaire étoit très-passionné, très-irascible ; l'âge même ne fit qu'ajouter à ces deux dispositions naturelles; elles étoient précieuses pour lui, lorsqu'il travailloit d'imagination; elles le trompèrent chaque fois qu'il voulut appliquer son travail aux grands intérêts de l'ordre social (1). Aussi est-il remar-

---

(1) Je suis loin de faire à Voltaire un reproche du caractère qu'il avoit reçu de la nature. J'ai toujours cru que le talent d'un écrivain dans lequel l'imagination domine, tient beaucoup aux défauts comme aux qualités qui lui sont naturels. Si Rousseau n'avoit pas été tourmenté de cette misantropie qui lui faisoit tourner toutes ses pensées sur lui-même, si son amour-propre ne l'avoit pas tant grandi à ses propres yeux, il n'auroit pas écrit avec autant de chaleur et d'éloquence. La nature ne donne pas le talent, elle le vend. Mais le public, pour son propre intérêt, en admirant les beautés du style, doit se méfier de tout écrivain passionné. Montesquieu, dans son Esprit des Lois, ne s'est pas emporté, même contre le despotisme; c'est qu'il le jugeoit. Pour qu'on ne m'accuse pas d'avoir mal apprécié le caractère de Voltaire, je citerai une lettre du roi de Prusse, date du 24 février 1752, tome 76, page 46, de l'édition des Deux-Ponts. Cette lettre, et plusieurs autres, ont été supprimées dans l'édition de Beaumarchais, où l'on a mis cependant le libelle par lequel Voltaire livroit à l'Europe les secrets de l'intimité du roi de Prusse; action infame. Quoique les historiens à anecdotes puissent dire, l'intimité d'un roi, comme celle

quable que jamais on n'a pu le citer comme autorité politique, même dans nos temps malheureux : on cherche l'homme qui réfléchit, on ne trouve que l'homme livré à son imagination ; et si un philosophe de l'antiquité disoit : Je sens, donc je suis, Voltaire pouvoit toujours dire : Je sens, donc je pense.

Ce n'est pas sous les rapports de la politique et de la législation que Vol-

---

d'un particulier, est un objet sacré : aussi Frédéric avoit-il bien raison, lorsque quelques années après il écrivoit à Voltaire : Je vous ai pardonné, *aucun* philosophe n'en auroit fait autant. Voici la lettre :

« Pour moi, j'ai conservé la paix dans ma maison « jusqu'à votre arrivée ; et je vous avertis que, si vous « avez la *passion d'intriguer et de cabaler*, vous vous « êtes très-mal adressé. J'aime les gens doux et paisibles, « qui ne mettent point dans leur conduite les *passions* « *violentes de la tragédie*. En cas que vous puissiez « vous résoudre à vivre en philosophe, je serai bien « aise de vous voir ; mais si vous vous abandonnez à « toutes les fougues de vos *passions, et que vous en* « *vouliez à tout le monde*, vous ne me ferez aucun « plaisir de venir ici, et vous pouvez tout autant rester « à Berlin. »

taire peut être considéré comme le premier des philosophes du dix-huitième siècle; mais il en est le chef sous les rapports de la morale. Jamais écrivain, dans aucun temps, dans aucun pays, ne fit plus de mal à la nation qu'il prétendoit éclairer; jamais homme de génie ne jeta des regards moins assurés dans l'avenir. Toujours entraîné par la sensation présente, il semble avoir voulu lui-même renfermer ses succès en morale, en politique et en législation, dans le moment pour lequel il écrivoit: et cela est si vrai, qu'il est impossible aujourd'hui de le lire autrement qu'à titre de poëte, d'historien et de conteur. C'est en parcourant le reste de ses Œuvres, que m'est venue cette pensée dont j'ai déja fait usage, et que j'aime à répéter : *La politique n'étant qu'un enchaînement de conséquences, toute vérité isolée devient un mensonge dans l'ordre social.* Or Voltaire isoloit toutes les vérités; il ne voyoit jamais qu'un côté de son sujet, et voilà pourquoi il est si plaisant, même en traitant les matières les plus graves.

Le premier des philosophes du dix-huitième siècle, comme politique, est J. J. Rousseau; aussi a-t-il toujours été cité par les législateurs de la révolution, tandis que Voltaire étoit toujours mis en avant par les hommes anti-religieux. Ce n'est pas moi qui décide leur place ; je ne fais que rappeler le jugement actif de leurs partisans.

Rousseau s'égara et égara tous les esprits avec un seul mot, et ce mot est *peuple*. Chaque fois que, dans le Contrat Social, vous rencontrez le mot peuple, substituez-y le mot *nation*, et vous serez tout étonné de ne plus trouver de sens à ce qui vous avoit d'abord frappé. La raison en est simple. Je ne dirai pas qu'en France, et dans presque tous les pays, le mot peuple présente l'idée de cette partie de la nation que son indigence et son défaut d'instruction doivent naturellement éloigner de la discussion des grands intérêts de l'état; j'irai plus loin, et j'observerai que *peuple français* n'est pas l'équivalent de *nation française*. Dans la *nation* se trouvent compris et les citoyens, et le gouvernement, et les lois, et même les habitudes; dans le *peuple*, considéré sous la plus grande latitude du mot, le gouvernement peut fort bien n'être pas compris, et de-là toutes les fausses conséquences du Contrat Social.

On conçoit aisément le peuple agissant au hasard, souvent contre lui-même, proscrivant la vertu, punissant le crime, brisant le lendemain les lois qu'il a faites la veille; mais on ne conçoit pas une nation dans cet état, à moins qu'elle ne soit en révolution, car qui dit nation, dit peuple constitué; c'est-à-dire ayant une religion, des lois et un gouvernement. Ainsi, dans son Contrat Social, Rousseau n'a tracé que ce que peut faire une nation en révolution; cela ne méritoit pas la peine d'être écrit: les passions, à cet égard, en sauront toujours plus que les livres ; ce qui n'empêche que les livres ne soient dangereux toutes les fois qu'ils servent d'autorité aux passions. Ils prolongent le mal en égarant les esprits au-delà du terme naturel de la crise politique.

Jamais, avec du bon sens, on ne parviendra à se figurer le peuple voulant une chose, parce que le peuple n'est pas une unité, et que conséquemment il ne peut avoir et n'a pas en effet une volonté unique. Dix hommes ne sont point du même avis, même lorsqu'ils ont le même intérêt; dix millions, vingt millions d'hommes, qui ont tant d'intérêts divers, seront encore bien moins du même sentiment. Mais une nation peut vouloir, parce que, sous l'égide du gouvernement, elle forme réellement une unité dans laquelle tous les intérêts se confondent. Les étrangers sentent si bien cela, qu'ils essayent contre un peuple en révolution, ce qu'ils n'oseroient jamais tenter contre une nation réunie sous un gouvernement ; ils savent qu'où le peuple agit, il y a division, conséquemment chance favorable pour eux ; mais avec l'appui d'un gouvernement, il y a unité dans la nation, et dès-lors les étrangers n'ont plus de chances dans l'intérieur. (1)

Rousseau a sans cesse considéré le peuple indépendant du gouvernement ; il n'auroit pas considéré de même une nation, parce que le gouvernement fait toujours partie de la nation ; il a parlé du peuple comme d'une unité : c'est une idée abstraite. Aussi son Contrat Social n'est-il applicable à aucune nation, parce qu'une nation tient à

---

(1) Nous rions aujourd'hui, quand on nous parle d'un traité dans lequel plusieurs puissances avoient provisoirement arrêté le partage de la France. On ne peut supposer que des cabinets, dont plusieurs sont connus par la profondeur de leur politique, se livrent à des espérances tout-à-fait ridicules ; c'est qu'en effet il n'y a pas de projets qu'on ne puisse former avec probabilité de réussite, contre un peuple sans gouvernement, ou, ce qui est pis, armé contre son gouvernement.

un territoire, et se compose d'une quantité connue de citoyens, de lois existantes, de mœurs dérivées ou causes premières des lois, d'un gouvernement, et enfin de rapports avec les nations qui l'environnent; et aujourd'hui il n'y a pas de nation qui ne soit environnée de l'Europe entière, et même des autres parties policées du globe; ce qui fait que, dans aucun temps, ce qu'on appelle gouvernement ne fut plus nécessaire à la sûreté, à la gloire et à l'indépendance des nations. Rousseau a égaré les esprits en oubliant cette vérité; les hommes qui gouvernent doivent la rappeler sans cesse en écartant, des lois, de leurs discours, le mot peuple, et en revenant au mot nation, le seul qui dise tout, parce qu'il contient tout.

S'il eût été possible aux Français de vouloir la république dans toute son austérité, Mably auroit été le premier écrivain politique pendant la révolution. Ses principes sont presque toujours faux, ce qui pouvoit séduire bien des esprits; mais toutes ses conséquences sont d'une morale trop sévère pour être accueillies par une nation riche, industrieuse, et entraînée vers un grand luxe par la facilité d'en jouir. La sévérité de Mably est la seule cause du peu de succès populaire qu'il a eu pendant nos troubles civils. Après avoir été plus lu que cité, il est tout doucement tombé dans l'oubli, parce qu'il condamne dans leurs mœurs ceux qu'il autorisoit dans leurs extravagances; tant il est vrai que l'excès de sévérité en morale peut avoir des résultats avantageux, tandis que le relâchement n'apporte avec lui que de nouveaux dangers.

Raynal, toujours hors de son sujet, parlant de tolérance avec passion (1),

(1) On a fait de beaux discours sur la tolérance religieuse; mais on n'a point encore dit qu'un homme qui se vante de ne pas avoir de religion, ne devroit parler d'aucune; car de quel droit parleroit-il de ce qu'il ne sait pas? Ne pas croire, en fait de religion, c'est ne

et de politique avec enthousiasme, se prêtant à tout, parce qu'il a déclamé sur tout, convenoit beaucoup à des hommes qui avoient une révolution à exploiter; aussi ne voulurent-ils pas le croire, lorsqu'il se condamna lui-même publiquement, dans l'espoir d'être utile à sa patrie; action louable, généreuse même, parce qu'elle n'étoit pas sans danger, et qui obligera la postérité à séparer l'homme de l'auteur.

On a dit, et rien n'est plus croyable, que l'ouvrage de Raynal étoit de plusieurs écrivains. Quel est celui d'entre eux qui a avancé cette grande vérité, dont je ne me rappelle plus les mots,

---

pas savoir. Un homme qui croit à une religion, n'a plus le droit de juger les autres; car, pour juger, il faut être impartial; et comment est-il possible d'être impartial envers toutes les religions, quand il y en a une que l'on croit exclusivement? La tolérance, pour chaque individu, est renfermée dans le silence: aussi doit-on se méfier de tous les écrivains qui ont fait des discours pleins de passion sur un sujet pareil; ils gardent toujours une arrière-pensée.

mais dont je garantis le sens, car il y a dix ans qu'elle m'occupe.

« Les Français forment le peuple le plus libre de la terre; du moment qu'ils voudront assurer leur liberté par des lois, ils la perdront. »

Comment l'écrivain qui a si bien prédit, qui avoit si fortement la conviction de ce que l'avenir renfermoit dans son sein, a-t-il pu jeter une si grande pensée dans un si dangereux ouvrage? Cette seule pensée, bien développée, pouvoit faire la réputation d'un écrivain politique; elle auroit frappé quelques bons esprits, et peut-être averti ceux qui gouvernoient alors. Dans l'impossibilité d'expliquer comment une vérité pareille se trouve dans un recueil de déclamations politiques, j'ai souvent été tenté de croire que l'auteur ne l'avoit pas entendue lui-même comme le temps l'a expliquée. Trop souvent nous traduisons avec nos propres idées les livres que nous croyons lire.

Si Voltaire est le plus passionné des philosophes du dix-huitième siècle, Helvétius est le plus corrupteur; on diroit qu'il prit plaisir à armer chaque individu contre la société. Il isole l'homme de tout rapport social, pour chercher dans son cœur quel intérêt particulier peut le guider, tandis que la société ne subsiste qu'en isolant l'homme de son intérêt particulier, pour le forcer à se confondre dans l'intérêt général. Il n'y a personne qui, dans le secret de sa pensée, ne soit convaincu qu'Helvétius a raison en mettant l'amour de soi au premier rang de nos sentimens habituels; mais telle étoit la force de la religion, de la morale et de l'exemple, que nous regardions ce sentiment comme honteux, que nous rougissions de l'avouer, et qu'enfin nous le combattions pour mériter l'estime de nos semblables. Un écrivain nous débarrasse de la honte en érigeant en système, c'est-à-dire en isolant une épouvantable vérité; il justifie ce que les siècles avoient condamné, et l'égoïsme destructeur de toute société se montre hardiment armé de sophismes. Voltaire a remué et déplacé des opinions et des préjugés; Helvétius a sanctionné les passions et même les crimes, car en poussant les conséquences de son ouvrage jusque dans leurs derniers résultats, on sera effrayé de tous les forfaits qu'il autorise.

Mes opinions sur la philosophie du dix-huitième siècle étant la principale cause des cris poussés contre mes observations sur l'Angleterre, j'ai cru devoir expliquer ce qui m'engage à attaquer cette philosophie. Je crois fermement combattre ce qui est faux en morale, en législation, et en politique, et ce n'est pas pour moi que je combats, puisque je n'ai pas de système à propager; c'est pour la tranquillité à venir de ma patrie; c'est pour que nous puissions jouir en toute connoissance de cause de la liberté que le temps nous prépare. Peut-être n'y a-t-il qu'une grande somme de bonheur qui puisse nous corriger entièrement de nos nouveaux préjugés, et, ce qui rassure, c'est que ce bonheur-là ne dépend pas de ceux qui écrivent.

Si je passois subitement de réflexions aussi graves, à mes premières lettres qui sont assez frivoles, elles seroient sans aucun intérêt. Pour leur rendre un peu d'avantage, je vais citer l'article du Journal de Paris, dont j'ai parlé dans ma lettre adressée au Journal des Débats.

« On a lu, dans le Mercure, une « septième lettre du citoyen F...., sur « l'Angleterre, et l'un de nous se pro- « pose de la réfuter incessamment dans « tous ses points. Lorsqu'il a été ques- « tion de politique, la réponse à d'aussi « étranges assertions se trouvoit, comme « l'a déja remarqué judicieusement un « autre collaborateur de ce Journal (1),

---

(1) Je mettrai l'article d'un autre collaborateur à sa place.

« dans un si grand nombre d'excellens
« ouvrages, qu'il étoit aussi facile qu'inu-
« tile de les pulvériser (1). Mais tout ce
« qui tient aux mœurs, aux usages, a
« aussi son importance dans un mo-
« ment où deux nations rivales, divi-
« sées par de grands intérêts, mais
« réunies par les bienfaits d'une paix
« trop long-temps desirée, sentent le
« besoin de multiplier toutes ces rela-
« tions de *bon voisinage* dont les deux
« gouvernemens donnent l'exemple, et
« qui ne peuvent se consolider que par
« ces égards particuliers qui rappro-
« chent les individus. Rien n'aigrit au-
« tant que le mépris injuste des étran-
« gers pour les habitudes nationales, et
« s'il est quelquefois imprudent de les
« critiquer, parce qu'elles ont souvent
« des résultats qui échappent presque
« toujours à ceux qui ne se donnent
« ni la peine, ni le temps d'en observer
« les causes ou les motifs, il est bien

(1) Il est *impossible* de *pulvériser* des *assertions*.

« injuste de les condamner lorsqu'on
« se trompe aussi complettement sur
« les causes, les motifs et les résultats.
« Il ne faut pas que des lettres annon-
« cées comme le produit d'un examen
« nouveau des usages et des mœurs d'un
« pays, en offrent la caricature, et
« soient plutôt des représentations
« théâtrales où l'essentiel est de frapper
« fort, sans s'embarrasser de frapper
« juste. Tout en estimant le caractère
« et le talent du citoyen F...., son in-
« tention même, pourquoi ne pas es-
« sayer de prouver que ses observa-
« tions sur le chapitre des mœurs et
« des usages anglais, manquent de
« justesse? La discussion peut produire
« le renouvellement de quelques idées
« morales, un peu trop négligées;
« mais il faut attendre, pour n'avoir
« plus à revenir sur ce sujet, la hui-
« tième lettre annoncée par les amis
« du citoyen F...., et dans laquelle on
« assure qu'il ne ménagera rien pour
« prouver que jusqu'à présent on a

« ignoré parfaitement en France tout « ce qu'on croyoit savoir sur les usages, « les habitudes et les mœurs de ce pays « tant vanté, ou tant décrié. Les ob-« servateurs enthousiastes ou aigris ne « trouveront-ils jamais cette ligne d'é-« quité qui sépare l'engouement de la « prévention injuste? Sans avoir jamais « été en Angleterre, il suffit, pour « être juste, d'avoir connu beaucoup « d'Anglais, d'avoir cultivé leur litté-« rature : c'est avec les hommes et dans « les livres que l'on peut étudier une « nation, que toujours on connoît mal, « lorsqu'on se presse tant de croire « qu'on la connoît. »

N'en déplaise à celui des collaborateurs qui a fait cet article, on connoît mieux encore une nation quand on se trouve au milieu d'elle, que par ceux de ses membres qui voyagent. Un peuple ne peut être jugé que chez lui, sur-tout quand il pousse très-loin la fierté, car ce n'est que chez lui qu'il se livre sans contrainte à son caractère.

Il s'observe et se modifie chez l'étranger, besoin indispensable pour quiconque voyage; j'en appelle sur ce point à l'expérience de tous ceux qui ont quitté leur patrie.

Quant à la prétention d'observer les hommes dans les livres, je la crois fausse, à moins qu'on ne parle des livres qui ont eu pour objet unique de peindre les hommes; alors il est vrai qu'on pourra y découvrir quelque chose, mais jamais on ne sera aussi convaincu que lorsqu'on a été frappé par la sensation des objets présens. La ressource des livres ne m'a pas manqué, et je tirerai, d'un de ceux que l'on croit m'objecter, des réflexions sur l'esprit de famille, qui étonneront les observateurs qui n'ont vu les Anglais qu'en France et dans leur littérature. Je n'aurois jamais osé présenter ces réflexions comme de moi.

Un des défauts de ceux qui cherchent et croient trouver tout dans les livres, est d'imaginer qu'il y a beaucoup de choses positives, et que les mœurs et le caractère d'un peuple sont dans ce cas. Qui prétendroit étudier nos mœurs dans les livres imprimés il y a vingt ans, risqueroit de se tromper beaucoup. Depuis notre révolution, dont l'Europe entière a senti le contre-coup, les mœurs anglaises ont aussi éprouvé tous les changemens qui tiennent au déplacement des fortunes, et conséquemment à un luxe et à un besoin de plaisir inconnus jusqu'alors. Souvent étonné de trouver le contraire de ce que les livres m'avoient appris, je consultois, j'interrogeois non pas une personne, mais toutes celles en qui j'avois confiance d'observations, et toutes s'accordoient pour convenir qu'il y avoit changement dans certaines parties des mœurs (1). Seroit-on autorisé

(1) En général, on n'obtient d'aveu des Anglais, qu'autant que le blâme qui se répand sur le moment présent rend plus brillant le moment passé. Jamais nation, dans chacun de ses individus, ne s'est mieux accordée pour ne pas prononcer un mot qui lui soit désavantageux, e

à juger les Suisses commerçans, par les livres qui peignent les Suisses agriculteurs et guerriers à la solde des nations étrangères, quoique toujours au profit et pour la sûreté de leur pays? Malgré tous les livres sur les Grecs et sur les Romains qui ne changent plus, puisqu'ils sont morts, sommes-nous d'accord sur leurs mœurs, sur la bonté de leurs institutions, de leurs lois? Et la foule des ouvrages faits par des hommes de mérite qui se contredisent, ne prouve-t-elle pas qu'il reste encore

pour mieux déguiser aux yeux des étrangers ce qui pourroit nuire à la supériorité à laquelle elle prétend dans tous les genres : conduite très-louable, que l'instinct inspire à toutes les nations, et qui fut cruellement trahi par les écrivains français du dix-huitième siècle. Un ministre ayant eu une querelle, et s'étant battu en duel contre un membre de l'opposition, un Français d'un grand nom crut pouvoir se permettre de mal parler de ce membre de l'opposition en présence du ministre; mais celui-ci lui répondit que son adversaire étoit un bon citoyen, rempli de talens, d'excellentes intentions, et sur-tout de mœurs parfaites. Il avoit raison; il parloit de M. Tierney. J'ai vu peu d'hommes dont la figure annonçât plus d'esprit.

à des écrivains nouveaux la faculté de faire de nouvelles observations, et d'en tirer de nouveaux résultats. Par exemple, tandis qu'un grand nombre de lecteurs tremblent ou pour Coriolan, ou pour la république romaine, parce que la perte de l'un ou de l'autre doit nécessairement résulter d'une querelle sur quelques sacs de grains, moi je ne pense qu'à la beauté des gouvernemens modernes où le pain augmente ou diminue de quelques deniers, sans que la guerre civile et la guerre extérieure en résultent. Ce qui étoit pour les Romains le sujet des plus grands dangers, est devenu chez nous une simple affaire de police; j'admire moins ce qui étoit autrefois, et je me trouve mieux de ce qui est aujourd'hui; ce qui n'empêche pas bien des gens de vouloir être encore Romains. Enfin, si l'Institut national mettoit au concours une question importante sur les mœurs françaises, n'auroit-on pas d'avance la certitude que tous les ouvrages seroient dissemblables dans leurs observations, dans la manière de les présenter, et dans les conséquences qui seroient tirées de ces observations. Cependant, tous ces ouvrages seroient faits par des Français, et sans doute ils contiendroient tous des vérités.

Avec l'habitude d'observer, un étranger nous peindroit peut-être mieux sous quelques rapports, que nous ne pourrions nous peindre nous-mêmes, car il sentiroit vivement des contrastes sur lesquels l'habitude nous engourdit au point de n'en être plus frappés. J'ai entendu des Français faire, en Angleterre, des observations qui paroissoient bizarres, qu'ils présentoient eux-mêmes comme des plaisanteries, et qu'un examen plus approfondi amenoit à trouver véritablement fondées par ceux qui avoient intérêt à en nier la vérité. L'aveu étoit arraché par surprise.

Je dois repousser le reproche de frapper fort, sans m'embarrasser de frapper juste. J'ai dit moi-même, dans une de mes lettres, que si l'on n'avoit pas trop vanté l'Angleterre et les Anglais en France, je n'aurois pas tant blâmé; c'étoit convenir que je m'attachois particulièrement à ce qui pouvoit faire revenir les Français d'une estime exagérée; j'en conviens encore; je n'ai pas eu, je ne pouvois avoir d'autre but; mais je n'ai rien dit qui ne fût vrai, même dans les livres, et lorsque ceux qui m'attaquent citeront ces livres, je leur promets de répondre par *l'un* des auteurs qu'ils m'objectent. On ne peut être de meilleur composition.

Si l'on veut terminer la dispute, j'en offre un moyen satisfaisant pour toutes les parties, c'est de convenir, avec Montesquieu, que la plus grande preuve de la bonté des lois d'un peuple, est qu'elles ne soient applicables à aucun autre. Cela bien convenu pour le passé, le présent et l'avenir, j'avouerai que les Anglais ont les meilleures lois possibles, puisqu'alors nous serons à jamais débarrassés de tous les politiques qui nous humilient sans cesse en citant, en nous proposant, ou en nous objectant les lois anglaises. Tout moyen pour arriver à ne plus rien entendre de pareil, me paroîtra excellent.

Le Journal de Paris montre les intentions les plus pacifiques, en craignant que mes observations ne troublent la paix entre deux gouvernemens qui sentent le besoin de multiplier toutes les relations de *bon voisinage* (1).

---

(1) Le même journal, cinq jours après, disoit en parlant de moi : « Il n'est pas, à beaucoup près, aussi « sévère dans ses Observations sur l'Angleterre, que « les philosophes qui en ont parlé. » Il y a des hommes qui ne vivent que de contradictions. Par exemple, celui qui m'attaque me refuse le talent d'observer ; et dans un temps qui n'est pas loin, il me demanda des observations qui embrassoient bien des choses, et qu'il étoit incapable de faire par lui-même. Je les lui ai données, et bien promptement. Je ne dis pas qu'elles étoient bonnes ; mais enfin puisqu'il m'en demandoit, il croyoit donc que j'en savois faire. J'en ai gardé copie.

Celui qui m'attaque veut me rendre ridicule ; il faut qu'il compte bien sur ma prudence, car enfin j'ai quel-

Dieu merci ! à tel événement que le sort me réserve, je ne serai jamais un sujet de guerre entre les gouvernemens. Si la guerre naissoit de l'opinion qu'une nation prend d'une autre nation, nous serions en guerre avec l'Angleterre, toutes les fois qu'elle ne nous craindroit pas. L'envie de conserver les

---

quefois tracé des caractères, et le public les a trouvés ressemblans. Je n'avois pas l'honneur de connoître celui qui m'attaque, quand j'ai fait d'imagination, dans *Frédéric*, le portrait suivant :

« Le C.... n'est pas contrariant, mais il n'est ja-
« mais de l'avis de personne ; et comme il reste rare-
« ment plusieurs jours du sien, on peut dire à cet
« égard qu'il traite les autres comme lui-même. Il parle
« facilement et avec force ; la discussion l'anime, et
« donne à son esprit une vigueur qui l'abandonne
« quand il est livré à ses propres réflexions. Comme
« il a la manie de tout réduire en systèmes, qu'il n'y a
« point de système qui n'ait un côté faux, et que la
« foiblesse de son caractère ne lui permet pas de soute-
« nir ce qu'il ne croit plus, ou de croire long-temps
« ce sur quoi il réfléchit souvent, il est entêté sans avoir
« d'obstination, inconséquent sans cesser de raisonner
« juste, assez instruit sans avoir une idée suivie, et tou-
« jours en état de persuader aux autres, sans jamais
« pouvoir se convaincre lui-même. »

relations de bon voisinage, a-t-elle empêché, depuis la paix, les cris sanglans, les calomnies de leurs journaux? S'ils s'étoient bornés à parler des choses et non des hommes; s'ils s'étoient contentés d'examiner leurs mœurs et les nôtres, leurs lois et les nôtres, de trouver sans cesse que l'avantage étoit de leur côté, le gouvernement français auroit-il interdit, en France, l'entrée de leurs journaux? La liberté de la presse se rétablit chez nous avec la force du gouvernement, témoin l'ouvrage dernier de M. Necker, où la discussion sur notre situation présente s'étend aussi loin qu'aucun journal anglais pourroit se la permettre, et qui cependant circule sans causer la moindre alarme.

Les Anglais, pris en masse, ne nous aiment pas; il n'y a pas encore dix ans que le peuple ne pouvoit résister au desir d'insulter un Français dans les rues. La quantité de nos compatriotes, que les troubles politiques ont portés à

Londres, a diminué les marques de cette prévention; ce qui n'empêche pas le peuple d'être toujours persuadé qu'un Anglais peut, à l'aise, battre deux ou trois Français. Il n'y a de bon dans cette prétention, que l'impossibilité de la réaliser. Au théâtre, toutes les fois, absolument toutes les fois qu'on met un Français sur la scène, outre les ridicules dont on le charge, on le fait toujours représenter par le plus petit, le plus maigre, le plus laid des acteurs, pourvu de la voix la plus grêle qu'il soit possible d'entendre, tandis que l'Anglais qu'on met en opposition avec lui, est toujours un gros et grand gaillard bien nourri, et possesseur de la voix la plus mâle; ce qui vient sans doute de la bière forte et du plumpudding (1).

---

(1) Sur les théâtres de Londres, on ne représente, au moral, les Irlandais que de la manière la plus humiliante; j'ignore comment on les représente au physique; mais s'il est un peuple qui puisse se vanter de sa beauté, à coup sûr, c'est celui-là : avantage qu'il doit au peu de communication qu'il a avec les autres na-

Nous, au contraire, nous ne mettons les Anglais sur la scène, que pour leur accorder toutes les vertus; nous ne leur refusons que des manières, ce qui feroit croire qu'ils n'en ont pas, et qu'ils sont arrivés à tous les avantages de la civilisation, en conservant les qualités des peuples pasteurs, et les habitudes corporelles des peuples sauvages. Parceque tous nos ridicules sont légers, beaucoup de Français se sont persuadés qu'il n'y avoit pas de ridicules graves.

Après tout, si l'Angleterre n'aime pas la France, c'est qu'il est contre nature qu'une nation aime la seule nation qu'elle peut regarder comme une rivale (1). Nous ne sommes pas dans la

---

tions; avantage dont jouissent effectivement les Anglais, non par-tout, car dans les ports de mer, il s'en faut que le sang se montre aussi beau que dans l'intérieur des terres.

(1) Un des auteurs que l'on m'objecte, et que je ne pourrai citer avec trop d'éloges quand le moment sera venu, a si bien deviné la haîne des Anglais pour nous, qu'il désigne honorablement deux membres du parle-

même situation à l'égard de l'Angleterre; et, à vrai dire, il nous est impossible d'être naturellement dans un état de haîne envers aucune nation, cause qui, jointe à un peu de légéreté, nous a fait alternativement Anglais, Prussiens, et quelquefois Russes. En jugeant les Anglais, en examinant leurs

---

ment pour avoir eu le courage de combattre l'idée que la France étoit l'ennemie naturelle de l'Angleterre, et pour avoir essayé de prouver qu'il étoit possible que les deux nations vécussent sans rivalité. L'opinion contraire étoit alors soutenue par M. Fox. S'il y a du courage à dire que la France et l'Angleterre peuvent vivre en paix, c'est une preuve qu'un pareil langage est contre le préjugé de la nation anglaise, car ce préjugé n'existe pas en France; et aucun homme en place ne mettroit au nombre de ses moyens de popularité, la prétention de détester l'Angleterre. Les deux membres du parlement qui parloient raison, ont tous deux été ministres; l'un est M. Pitt, l'autre le marquis de Lansdown, homme aussi instruit que respectable, connu par son indépendance que les étrangers seuls admirent, et par l'accueil plein d'aménité qu'il fait à tous ceux qui lui sont recommandés : aussi, de toutes les parties de l'Europe, n'arrive-t-on pas en Angleterre sans une lettre de recommandation pour lui, et la manière aimable dont il vous reçoit, feroit croire qu'on n'en avoit pas besoin.

mœurs et leurs usages, cela ne troublera en rien le *bon voisinage*, car s'il doit être troublé dans la suite des siècles, ce trouble tiendra à des causes un peu plus majeures que mes Lettres sur l'Angleterre; ce qui met ma conscience en sûreté.

On m'a jugé avant que j'eusse conclu, et j'en vais donner une raison dont tous les lecteurs sont en état d'apprécier la solidité.

L'esprit de parti qui cause souvent de grands troubles dans l'Etat, n'est insupportable dans la société, qu'autant qu'il descend jusqu'à l'esprit de détails. J'ai connu bien des gens qui n'avoient que cet esprit-là : on ne peut leur répondre qu'en fuyant. J'ai connu aussi des hommes de parti sans aucune petitesse; leur conversation est intéressante, très-instructive pour qui est impartial, et toute discussion avec eux se termine toujours gaîment. On pourroit en trouver la raison. Un homme de parti a quelquefois un secret qu'il ne livre pas dans la discussion, de sorte que lorsqu'il paroît battu, il lui est encore permis de rire : son amour-propre est à couvert, puisqu'il sent qu'il n'a pas employé tous ses moyens de défense. Au contraire, un homme qui n'a que les détails de l'esprit de parti, met sans cesse tout son amour-propre dans le plus petit argument ; quiconque n'est pas de son avis constamment, en tout et sans réplique, lui paroît coupable, et dès-lors les cris, les injures et les querelles. Il suffit donc d'avoir une manière de voir indépendante, pour exciter beaucoup de clameurs. C'est mon histoire ; elle n'est pas nouvelle.

LETTRES SUR L'ANGLETERRE.

LETTRE PREMIÈRE.

Londres, 1er mai 1802.

Je suis pour ainsi dire tombé, de la fête qui a eu lieu à Paris le jour de Pâques, dans la fête donnée à Londres pour la ratification de la paix. Peut-être vous paroîtra-t-il curieux de savoir ce qu'un Français a pu remarquer dans cette dernière cérémonie.

Notre fête de Pâques étoit toute nationale : on célébroit à la fois et la fin de la guerre, et la fin de la révolution, si bien marquée par le rétablissement de la religion ; aussi notre gouvernement, les ministres, les corps délibérans, les ambassadeurs, ont-ils paru dans la cérémonie faite à Paris ; tout y fut grand, majestueux, parce qu'il s'agissoit de fixer une époque qui marquera long-temps dans l'avenir.

A Londres, la publication de la paix n'étoit que pour la ville, je dirois même n'étoit que pour la Cité, dont les priviléges sont autres que ceux de la ville. Le lord-maire y figuroit en chef, et le gouvernement n'y étoit représenté que par une compagnie des gardes du roi. Le reste de la troupe, assez nombreuse, et d'une tenue fort décente, se composoit de la milice bourgeoise.

Le lord-maire, n'exerçant son autorité que dans la Cité, toute la cérémonie s'est passée dans la Cité. Malheureusement pour moi, j'avois affaire dans ce quartier, et, malgré mille détours que je fis pour arriver à la Bourse, je fus, pendant deux heures, enfermé dans la proclamation de la paix. Je fuyois d'un côté, je la retrouvois de l'autre; je me jetois dans un passage, la cérémonie m'attendoit au bout : on pouvoit bien la voir toute entière en huit minutes, et il me fallut, malgré moi, la voir et la revoir pendant deux heures.

On dit que les Parisiens sont badauds, ce qui signifie, je crois, sottement curieux. Je vous réponds que les Anglais de Londres ne le sont pas moins, et qu'ils le sont plus brusquement pour des objets bien moins attachans que ceux qui attirent ordinairement la foule à Paris. Les fenêtres et le toit des maisons, le devant, le derrière et l'impériale des voitures étoient chargés des spectateurs, et souvent un cheval de main recevoit plus d'un cavalier : nonobstant, il n'y avoit pas place pour tous les curieux. On couroit dans les rues de traverse, on se heurtoit pour aller regarder encore ce qu'on venoit déja de voir; tout étoit peuple pour la curiosité, quoique tout ne le fût pas pour le costume. Nul égard pour les femmes, qui, à la manière dont elles reçoivent les bourrades, paroissent y être très-accoutumées; elles bravent la presse avec un courage qui ne peut tenir qu'à l'habitude, ou à la certitude d'être étouffées si elles n'ont pas la résolution et la force de rendre les coups de coude qu'elles reçoivent.

Dès la veille, il y avoit foule pour voir les préparatifs de l'illumination de l'hôtel de M. Otto; les équipages tournoient devant sa porte. Le soir de la fête, c'étoit bien pis; il y avoit impossibilité d'aborder. Il est vrai que sa maison étoit illuminée avec beaucoup de goût, et les mots *paix* et *amitié* ressortoient de la décoration, pour annoncer les sentimens du gouvernement français.

L'idée d'une fête à Londres s'unit fort

bien à la présence de la misère. Des matelots blessés traînoient un petit vaisseau sur un petit chariot, et imploroient la pitié publique : leur quête a dû être très-abondante. D'un autre côté, des bouchers, frappant sur de longs couperets, étourdissoient ceux qu'ils vouloient attendrir, et obtenoient de l'argent de quiconque sentoit le besoin de fuir leur musique. Le soir, on les rencontroit encore demandant autour des voitures, comme ils demandoient le matin devant les fenêtres.

On ne peut faire aucune comparaison entre les villes de Paris et de Londres illuminées. L'architecture uniforme de Londres, les fenêtres sans balcons, la privation presque totale de grands bâtimens, ne permettent pas cette profusion de lampions qu'on voit à Paris, et qui dessinent si majestueusement nos beaux monumens. A Londres, on décore en petits verres de couleur plutôt qu'on n'illumine ; et dix-neuf maisons, sur vingt, n'ont d'autres illuminations que des chandelles mises en-dedans des chambres, tout près des vitres ; de sorte qu'il faut, par chaque étage, tant que l'illumination dure, une personne occupée à moucher les chandelles : ces figures qu'on voit à travers les vitres, forment un spectacle assez gai.

Comme le gouvernement n'est pour rien dans la proclamation de la paix pour la ville de Londres, le palais du Roi n'étoit pas illuminé : c'est l'usage. La Bourse, la Compagnie des Indes, l'hôtel du lord-maire, les théâtres, les maisons de jeux et les nombreux traiteurs français, se distinguoient par leurs décorations. En général, on voyoit beaucoup de transparens dont le peuple explique les figures à sa fantaisie (1). Sur la plupart, on lisoit, avec le chiffre du Roi, les mots *paix* et *commerce*; les hommes du

(1) Ces transparens représentent assez généralement deux figures allégoriques, dont l'une est la Grande-Bretagne, posée très-fièrement, soit qu'on la peigne debout, soit qu'on la peigne assise; l'autre figure, plus modeste, est à genoux, et paroît suppliante. Peut-être est-ce l'Humanité; mais le peuple se frotte les mains, en se persuadant que c'est la France. Chez nous, le peuple n'auroit jamais une idée pareille. J'en ai dit la raison, en observant qu'il n'entroit dans notre caractère national ni fierté, ni haîne, et moins lorsque nous nous réjouissons, que dans tout autre temps.

peuple portoient cette devise sur leurs chapeaux. Des marchands l'ont fait imprimer sur de fort beaux rubans ; j'ignore s'ils les vendront ; mais les mots *paix* et *commerce* sont en Angleterre ce que *paix* et *gloire* sont pour la France.

Des vitres ont été brisées, parce que le peuple, auquel il est ici permis de faire la police, trouvoit, ou que telle maison n'étoit pas illuminée, ou qu'elle l'étoit mal. J'en ai vu une, le lendemain matin, dans laquelle les pierres avoient fait de grands dégâts ; c'étoit une maison à louer, dont le propriétaire demeure à la campagne. Les maisons les plus apparentes n'étoient pas toujours les mieux éclairées : plus ou moins de *lumières* peut, dit-on, donner ici une idée de l'opinion politique de quelques grands seigneurs. Ne prenez pas cela pour un calembourg. Sans la crainte des vitres brisées, tel qui fit la dépense d'un paquet de chandelles, n'en auroit pas brûlé un bout.

Des amateurs d'un certain genre de liberté, trouvent qu'il est beau de témoigner ainsi son opinion sur la paix et sur la guerre :

pour

pour moi, je vous avoue franchement qu'il me paroît extraordinaire de voir annoncer, par la fenêtre, qu'on n'aime pas la paix, quand on seroit bien embarrassé de savoir comment et pourquoi faire la guerre si l'on étoit maître du gouvernement. J'ai toujours cru que la politique étoit au-dessus de ces petits détails, qui ne sont tolérables que dans les femmes ou dans les enfans; et je n'aime pas plus quelques chandelles de moins que quelques pierres de trop.

En arrivant à Londres, mon premier soin a été de demander s'il étoit toujours dangereux d'aborder les environs de cette ville pendant la nuit, et chacun s'est accordé pour m'assurer que les voleurs y rôdent toujours, mais qu'ils ne tuent point, parce qu'il n'est pas d'usage de leur faire résistance. Je crois que s'il se trouve jamais à Londres une centaine de nos jeunes officiers, ils s'amuseront la nuit à courir les routes des environs de cette ville, pour apprendre aux Anglais que si les voleurs ne tuent pas, parce qu'on ne leur oppose point de résistance, il est probable qu'ils ne volent que parce qu'on ne leur résiste pas. (1)

On annonce des bals masqués, des fêtes en l'honneur de la paix; mais ces bals, ces

---

(1) Il y a un certain degré de corruption, incompatible avec un certain genre de liberté. Dans aucun pays, on ne trouveroit autant de filous, de voleurs qu'à Londres; la police les connoît, et n'a aucun pouvoir sur eux : aussi tout ce qui attire la foule, présage-t-il toujours de sinistres événemens. A un enlèvement de ballon par Garnerin [enlèvement qui a eu lieu dans des prairies, en face de la maison que j'habitois], les filous, pour agir en toute liberté, ont lâché un boeuf parmi les milliers de spectateurs, parce qu'ils savent que le peuple ne résiste pas au plaisir de harceler cet animal. Les uns lui lancent des pierres, les autres l'excitent de la voix, de plus hardis l'attaquent avec des couteaux. Le boeuf, d'abord effrayé, devient furieux, et se jette dans la foule. Les femmes crient, les enfans pleurent, les plus lestes se sauvent, les plus forts combattent, les voleurs travaillent, et la quantité de blessés n'empêche qu'à la première occasion la même scène ne se renouvelle. La police, toujours tourmentée de son impuissance, oublie qu'il lui reste des moyens de diminuer le mal. Le jour de l'enlèvement du ballon, aucune précaution n'avoit été prise pour tenir du moins quelques passages ouverts; on ne pouvoit approcher de l'endroit destiné pour ceux qui payoient, ni se retirer lorsque la frayeur

fêtes sont à tant le billet. Le principal objet de ces rassemblemens, est le plaisir, qu'on aime ici pour le moins autant qu'à Paris. J'ai entendu parler de la frivolité des Français et de la gravité des Anglais; il ne faut pas prononcer légérement; mais je suis disposé à croire que nous sommes devenus plus graves, ou que les Anglais sont devenus plus frivoles. Ce dont je suis bien certain, c'est que presque tous les Français qui viennent à Londres depuis la paix, y sont attirés par des spéculations ou par l'espoir d'en faire; tandis que le plaisir est l'unique objet de la plupart des Anglais qui vont maintenant en France : la route en est couverte.

On s'occupe beaucoup ici de la situation de la France, sur laquelle je n'ai encore en-

avertissoit du danger. Il faut lire, sur la police de Londres, un excellent ouvrage de M. Colquhoun, édition de 1800; on y verra tout ce qui existeroit à Paris, si la police n'étoit que dans les livres. Je ne parle pas de la police, en tant qu'elle a des rapports nécessaires avec la situation politique d'un état; je ne l'envisage que sous l'aspect de la sûreté publique dans les temps ordinaires.

tendu personne raisonner en toute connoissance de cause. Ce n'est pas cependant faute de savoir ce qui s'y passe, car tous les arrêtés, tous les discours importans de notre gouvernement sont réimprimés à Londres en français et en anglais ; mais on discute toujours chaque fait isolément. Cette manière, qui convient si bien à la paresse, à la sottise ou à la légéreté, est la cause de tous les faux jugemens qu'on prononce sur notre passé et sur notre avenir. Ce que je puis affirmer, c'est qu'on parle bien plus de notre révolution à Londres qu'à Paris ; aussi ai-je peine à obtenir quelque croyance, quand j'assure que de tous nos partis il ne reste pas même d'opinions assez prononcées pour empêcher ceux qui les ont professées de vivre ensemble de la meilleure grâce du monde. On prétend que je ne parviendrai jamais à voir des Anglais de tous les partis. J'en doute cependant ; il me paroît trop bizarre d'exiger qu'un étranger soit d'un parti dans un pays qui n'est pas le sien, tandis que, dans sa patrie, il n'est jamais mieux accueilli que lorsqu'il n'est d'aucun.

LETTRE DEUXIÈME.

Londres, 17 mai 1802.

Je vous ai promis des détails sur ce qu'on appelle ici des fêtes pour la paix, et j'ai pris soin de vous avertir que ces prétendues fêtes n'ont rien de commun avec la paix. On les a mises sous son nom, parce qu'elle étoit alors l'objet de l'attention publique, comme on annonce déja des fêtes pour la naissance du roi, c'est-à-dire, des réunions où chacun ira pour son argent.

Avant d'avoir vu Londres, j'avois entendu dire que les bals masqués y étoient plus spirituels qu'à Paris, et l'on en donnoit pour preuve les divers déguisemens qui, presque toujours, annoncent un caractère, tandis que nos dominos sont fort insignifians. C'est ainsi qu'on juge de tout sur l'apparence. Je suis maintenant très-persuadé que tout l'esprit d'un bal masqué à Londres est dans les déguisemens, tandis qu'à Paris l'uniformité des dominos n'a été adoptée que parce que cet habit aide à mieux cacher le personnage qui se trahiroit si facilement par l'adresse de ses attaques, la finesse de ses réparties, si d'avance il n'avoit employé tous ses soins pour bien déguiser sa personne. Ici la vanité perce jusque sous le masque, et, dès le lendemain, l'univers apprend, par les journaux, que les lords et ladies tels et tels étoient déguisés au bal de la veille, de telle et telle manière; preuve certaine que, sous le masque, ils n'ont compromis ni leur dignité, ni leur esprit; tandis qu'en France nos femmes, en gardant un rigoureux anonyme, jouissent souvent quinze jours encore après le dernier bal, des petites inquiétudes qu'elles ont jetées dans leur société.

La grande fête pour la paix étoit annoncée à Ranelagh; le billet d'entrée étoit d'une demi-guinée, ce qui donnoit l'assurance qu'il y auroit beaucoup de monde(1).

---

(1) Depuis, on a donné à Ranelagh une fête à deux guinées par personne; et quoique la salle fût remplie, la recette est restée de mille louis au-dessous de la dépense. Ce qu'on vous donne à manger, fixe le prix des

La salle est superbe par sa grandeur plus que par sa décoration ; et sa forme, parfaitement ronde, permet qu'on s'y promène assez long-temps sans trop s'apercevoir qu'on tourne sur place ; c'est absolument comme au manége. L'illumination est avantageuse aux femmes, parce qu'elle fait venir la lumière d'en haut ; mais on sent un peu trop l'odeur de l'huile, odeur

---

fêtes. Pour une demi-guinée, on vous offre du thé, du café, du beurre et du pain ; pour deux guinées, vous avez un souper splendide. Autour de toutes les salles destinées aux réunions publiques, on voit des tables placées dans des niches. Au Vauxhall, il y en a une quantité innombrable, même en plein air, et lorsque l'affiche annonce *grand gala*, à onze heures, on ne trouve pas une seule de ces tables qui ne soit occupée par la plus haute compagnie, comme par la moyenne. Tout le monde mange. Le mouvement continuel de ceux qui veulent avoir, des garçons qui apportent, les demandes, les cris, les filles mêlées dans tout cela, l'absence des serviettes, tout rappelle l'idée d'une guinguette française. Le Vauxhall est joli par sa distribution, par sa décoration ; il est toujours illuminé avec goût. Comme le Ranelagh, il est situé hors de Londres, parce que les impositions qu'on paie dans cette ville, ne permettent pas qu'on y forme un établissement qui exige un grand terrain.

inévitable de toute illumination dans un endroit renfermé.

Il y avoit au milieu de la salle un monument carré, dont chaque face offroit un transparent; sur l'un étoit Bonaparte et le roi George, debout devant un autel; le roi tenant l'olivier de la paix; le consul le laurier de la victoire. Je ne sais si le peintre avoit entendu finesse; mais enfin, puisqu'il falloit que le roi tînt quelque chose, il étoit assez simple de lui laisser l'olivier. Les autres transparens représentoient des attributs de commerce; car ici l'esprit de commerce vous poursuit jusque dans les fêtes.

L'assemblée étoit nombreuse. Les modes étant un objet de curiosité pour les Français, j'observerai qu'il n'y a pas la moindre différence entre le costume des hommes des deux nations; il n'en est pas de même pour les femmes; les Anglaises sont restées à-peu-près où les Françaises étoient il y a dix ans. Cependant, depuis que les communications sont rétablies, il se fait un changement de jour en jour plus sensible, et je vous assure que les Françaises ne perdront pas ici le privilége qu'elles ont de servir de modèles aux femmes de l'Europe policée (1).

Rien n'est plus remarquable, pour un étranger, que le silence qui règne à Londres dans une promenade consacrée au beau monde, et dans une fête payée. On marche, on tourne, sans que la gaîté vienne troubler le calme ; un aveugle pourroit se croire dans une solitude. En général, toutes les figures sont sérieuses, même celles qui sont ridicules ; et l'on voit des hommes se promener seuls trois heures de suite, avec un visage si profondément mélancolique, que dans tout autre endroit qu'un lieu consacré au plaisir, on ne résisteroit pas au besoin de les aborder pour leur offrir quelque consolation. On croit les Allemands profonds, parce qu'ils réunissent à la fois l'imagination et la pesan-

(1) Les Anglaises que l'on voit en France semblent s'obstiner à démentir cette assertion ; mais si elles tiennent ici à la toilette de leur pays, de retour en Angleterre, elles ne sont pas fâchées de prouver qu'elles ont rapporté les modes de France.

teur ; on a peint les Anglais graves, parce qu'ils sont tristes ; on nous a cru légers, parce que la nature nous a donné des conceptions vives ; c'est encore ainsi qu'on juge sur l'apparence. Le Français, qui ne se compose jamais, par la raison sans doute qu'il a assez de qualités pour ne pas craindre d'avouer ses défauts, est gai à jeun, gai lorsqu'il a dîné. Cherchez la gravité d'un Anglais lorsqu'il a bu, et vous verrez que, sans la moindre gaîté, ses propos sont d'une licence qui révolte notre délicatesse. Un père dit, devant ses fils, de ces gros mots qu'on ne sauroit plus en France, si le plaisir et le mystère n'avoient pris soin de les conserver quand la décence les raya de notre langue. Je ne crois pas à la gravité d'un peuple qui boit ; et, par la même raison, je crois à sa tristesse.

Il y a ici beaucoup de belles femmes ; mais le premier qui a dit que les Anglaises avoient deux bras gauches, a bien examiné ce qui leur manque. Une chose qui aide beaucoup à faire ressortir les jeunes femmes, c'est que les vieilles n'ont pas d'âge, du moins dans leur toilette. La grand-maman se met comme sa petite-fille, sauf que la vieillesse qui se pare ajoute toujours en ridicule ce que la jeunesse gagne en agrément; et pour peu qu'on soit tenté de danser à Londres avec un demi-siècle, on ne manque pas d'occasion. Autrefois, en France, les femmes de bon ton se faisoient vieilles avant le temps; il y a à cela une coquetterie qui ne pouvoit se rencontrer que chez un peuple très-spirituel; du moins nous est-il resté un goût de convenance qui reprendra tout son empire à mesure que la tranquillité nous permettra de porter notre esprit d'observation sur les ridicules saillans. Il y a aussi à Londres des vieilles femmes qui ont le bon esprit de prendre leur parti; leur toilette est de très-bon genre, et leur donne un air d'amabilité qui frappe agréablement.

La promenade dans un immense salon n'est pas le seul plaisir qu'on goûte à Ranelagh; il y a un orchestre qui exécute des symphonies; de temps en temps une cantatrice déploie son talent, et parfois on fait entendre un morceau d'ensemble; alors la plus grande partie des promeneurs s'arrête devant l'orchestre ; on écoute, et quand la musique cesse, on recommence à se promener, tout cela dans le plus grand silence. La musique anglaise est imitée de la musique italienne, et c'est pour cela sans doute qu'elle ne produit aucun effet sur les auditeurs. Il en est de même dans les spectacles où l'on chante en anglais ; mais aussi quand, par hasard, on exécute un morceau dont le mouvement a le caractère de la musique nationale, il fait grande sensation, et cela se conçoit. Il y a des peuples organisés pour jouir de tous les arts, et d'autres qui ne penseroient pas à en jouir, s'ils ne savoient pas le prix qu'on peut y mettre.

Il faisoit froid, et l'on ne se hasardoit un moment dans le jardin, que pour voir la même illumination qui avoit attiré tant de curieux devant la maison de M. Otto, le soir de la proclamation de la paix. Il a bien fallu cependant braver la saison au moment du feu d'artifice, annoncé avec éclat sous le nom du *célèbre artiste français, M. Rugiery*, et qui devoit montrer de ces choses curieuses qu'on n'avoit encore vues qu'à

Paris. Vous savez, pour un habitué de cette ville, combien un feu d'artifice a peu d'intérêt; aussi m'occupai-je à examiner toutes les figures qu'il éclairoit. C'est-là que, pour la première fois, j'ai deviné qu'un feu d'artifice pouvoit produire des sensations très-vives.

Les Anglais étoient vraiment enchantés; le sourire étoit sur les lèvres. Un murmure d'approbation, et le *very well* se faisoient entendre distinctement : enfin on alla jusqu'aux applaudissemens. Vous voyez bien que le plaisir est de tous les pays, et que la gravité peut être déconcertée par une fusée.

Il y a, en ce moment, exposition de tableaux; on paye un schelling pour entrer, ce qui n'empêche pas la foule de s'y porter, surtout les femmes qui, malgré tout ce qu'on a dit, savent moins vivre chez elles à Londres qu'à Paris. Un Français ne peut s'empêcher de trouver extraordinaire qu'un gouvernement reçoive 24 sous au profit d'un établissement destiné à répandre le goût des arts. Eh ! mon dieu, s'ils avoient à Londres notre Muséum, combien donc feroient-ils payer la permission de le voir ? L'intérêt n'est pas ici un sentiment vil, puisqu'il est le mobile des spéculations, et que spéculer c'est être Anglais. La manie d'imiter nous a valu depuis peu, en France, la honte de voir quelques-uns de nos peintres vendre la vue de leurs tableaux. Si les arts sont tout divins, doivent-ils annoncer leur misère à la porte du sanctuaire ? Cet usage auroit bien dû rester ici. Il n'est pas dans nos mœurs, mais il est dans les mœurs de cette nation qui a trouvé le secret d'assujettir les productions du génie aux droits de douane. Les tableaux n'entrent pas en Angleterre sans payer, et le tarif est calculé à tant le pied, la bordure comprise ; ainsi Raphaël et le Poussin paient comme les peintres d'enseignes à bière ; certainement voilà de l'égalité.

L'exposition de cette année est toute en portraits ; c'est pour examiner des portraits qu'on paie à la porte ; ce qui est mauvais l'est si complétement, qu'il devient impossible de ne pas s'étonner, en remarquant qu'on s'y arrête. Je crois que cela vient de ce que personne n'oublie qu'il a payé pour tout voir. Je ne peux juger par comparaison ; mais l'exposition de cette année est d'une grande foiblesse, quatre ou cinq morceaux exceptés, dont deux sont de mains françaises (1). Le fond des tableaux est toujours manqué, surtout quand le peintre s'est avisé d'y placer un

(1) L'un est d'une femme trop aimable pour qu'on vante sa beauté. Elle a perdu rang et fortune; elle a tout oublié, excepté sa patrie, et l'amour qu'elle a pour l'art qui la console, ne lui permet pas de penser qu'il est devenu une ressource pour elle.

Je dois réparer un oubli. Parmi les tableaux exposés, il y en a un qui mérite d'être distingué; il est d'un Anglais dont je ne me rappelle plus assez le nom pour risquer de l'écrire. Le sujet du tableau est une correspondance amoureuse découverte par un père. Les trois personnages sont habilement placés. Le père montre de l'accablement et de l'indignation, la mère de la curiosité et de l'indulgence. Ces deux figures sont bien dessinées et parfaitement peintes. La cassette dans laquelle étoit la correspondance, laisse apercevoir des détails de toilette mêlés avec esprit; elle ressort entièrement du tableau. L'attitude de la jeune fille est bonne; mais ses habits, sa figure, ses bras, tout est blanc et rose, sans teintes qui en adoucissent le trop grand éclat; c'est le seul défaut de ce tableau.

paysage. Cela détruiroit cette maxime, que l'art rend bien ce qui frappe sans cesse les yeux de l'artiste ; car la campagne offre en Angleterre des aspects séducteurs, quoiqu'on ait exagéré ceci comme tout ce qu'on a dit de ce pays.

L'exposition offre aussi quelques morceaux de sculpture, c'est-à-dire, des bustes. L'un, qui représente Adam, est de madame Siddons, si connue comme actrice tragique. Il y a de la grandeur dans l'ensemble des traits ; mais, en le considérant, on pense surtout à cette femme qui, au milieu de la séduction des applaudissemens, a conservé des moeurs pures, et ce goût des arts qui fait aimer la vie sédentaire.

LETTRE TROISIÈME.

Londres, 1er juin 1802.

Je n'ai jamais mieux connu l'inconséquence des Français que depuis mon séjour dans ce pays. Je l'avoue franchement, j'y suis souvent en colère contre la plupart de nos auteurs

auteurs du dernier siècle, et ce n'est pas sans raison.

Les écrivains du siècle de Louis XIV ont étendu la gloire de la France, et ce qui est digne de remarque, c'est qu'ils n'ont parlé ni en bien, ni en mal, de ses lois, de ses institutions, de son régime intérieur. Ils se sont livrés à leur génie, et comme tout étoit grand dans le moment où ils ont vécu, ils ont donné, sans y songer, une grande idée de leur patrie.

Les écrivains du dernier siècle, au contraire, presque tous philosophes, politiques, ou soi-disant tels, ont donné à l'Europe une grande idée de leur esprit, et une bien petite idée de la France. Je suis désespéré de ne pouvoir dire ici un mot de notre patrie, sans qu'on me jette à la tête ou Mably, ou Raynal, ou Voltaire; et notez bien que ceux qui veulent que nous n'ayons pas eu le sens commun autrefois, ne nous en accordent pas davantage aujourd'hui; tant il est vrai qu'on se croit toujours en droit de mépriser un peuple qui a souffert, de bonne grace, que ses propres écrivains le tournassent en ridicule.

Par quel étrange aveuglement les hommes-de-lettres français se sont-ils accordés pendant long-temps pour déprécier tout ce qui existoit dans leur patrie ? Voilà ce que je ne puis concevoir, à moins de supposer que la vanité, d'une part, les engageoit à tout blâmer pour faire croire qu'ils ne devaient qu'à eux seuls leurs talens, tandis que, d'une autre part, l'orgueil leur persuadoit qu'ils pouvoient s'élever à la dignité de réformateurs.

Les étrangers ne nous connoissent que par les livres, et on peut dire qu'ils nous connoissent fort mal. Par exemple, ceux qui ont lu l'histoire du Parlement, par Voltaire, s'imaginent que rien n'étoit plus ridicule et plus atroce que ce grand corps de magistrature. En vain vous leur objectez qu'un peuple ne peut être assez bête, assez dépourvu de dignité, pour conserver, pendant une longue suite de siècles, une institution ridicule et cruelle ; en vain vous leur répétez la liste des hommes de mérite dont s'honore la magistrature française, ils vous répondent toujours par l'histoire du Parlement, de Voltaire ; car il est remarquable que les étrangers ne savent bien de cet auteur et de plusieurs autres, que ce qui leur est honorable, et que ce qui paroît honteux pour nous.

Il est vraiment cruel pour un Français d'entendre mal juger de la France par des étrangers, et de voir ces étrangers s'appuyer d'un écrivain auquel nous avons élevé des statues. Qu'aurions-nous fait de plus pour un homme de génie qui auroit consacré ses talens à augmenter la réputation de notre patrie ? Ne sachant plus comment me défendre, il me prit fantaisie d'attaquer.

« Quoiqu'il y ait peu de rapports, répondis-je, entre les anciens parlemens de France et le parlement d'Angleterre, croyez-vous que quelqu'un qui écriroit l'histoire des fautes de votre parlement, ne feroit pas un volume aussi gros et aussi piquant que celui de l'histoire de nos Parlemens, par M. de Voltaire ? Il s'y trouveroit, pour toute différence, qu'en France leur plus grand ennemi n'a pu les accuser de corruption et de vénalité, et qu'en Angleterre le seul recueil des lois sans cesse renouvelées contre ces deux vices, prouveroit qu'ils existent toujours, quand même vous le nieriez. Il est certain que chez nous on achetoit très-cher le droit de passer laborieusement sa vie à rendre la justice (1) ; mais ce qu'on achetoit, ce n'étoit pas pour le revendre. »

— « Alors, pourquoi achetoit-on ? »

— « Pour avoir de la considération. Je crois que vous ne sentez pas toute la valeur de ce mot ; il est entièrement français, et renferme tout ce que l'ambition peut avoir de louable et d'utile dans un grand pays bien organisé. »

— « Si les hommes qui composoient vos parlemens étoient désintéressés, s'ils sacrifioient leur temps, s'ils renonçoient aux plai-

---

(1) Tel homme donnoit huit cent mille livres qui lui rendoient trois pour cent, se levoit à quatre heures du matin en été, étoit au palais à sept heures en hiver, sans feu jusqu'à l'année 1788, vivoit loin des plaisirs, travailloit beaucoup, te tout cela pour avoir quelques distinctions dans la société, quelques priviléges dans l'Etat. Bon pays que celui où l'on s'informe de la considération attachée à une place, et non de l'argent qu'elle rapporte ! C'est un sentiment auquel il faut nous rappeler.

sirs pour obtenir de la considération, comment un auteur, qui avoit autant d'esprit que Voltaire, a-t-il pensé à les tourner en ridicule ? »

— « C'est qu'en politique, en morale et en législation, M. de Voltaire n'avoit que de l'esprit. »

— « Mais pourquoi lui avez-vous applaudi ? »

Je ne voulois pas avouer notre inconséquence, aussi n'ai-je pas répondu. J'ai réfléchi, avec peine, sur ces écrivains que l'on croit favorables aux idées *libérales*, et dont tout le talent n'a servi qu'à nous enlever notre propre estime et celle de l'Europe. Les Chinois, toujours conquis, ont conservé leurs usages, les ont fait adopter à leurs vainqueurs; et les Français, au-dessus de toute crainte d'asservissement étranger, ont abandonné eux-mêmes, ont tourné en ridicule leur antiquité, leurs habitudes, ces deux soutiens de l'esprit national, sans lequel il n'est pas de liberté. Le mal que l'on peut penser de nous en Europe, c'est nous qui l'avons dit.

Comme ce n'est pas le seul tort que nous

aient fait des écrivains trop vantés, et que de prétendus patriotes les citent encore à l'appui de toutes les exagérations, de tous les faux systèmes, je vous prie d'affirmer à ces derniers que l'écrivain qui préfère sa réputation à la réputation de sa patrie, qui emploie tout son esprit à livrer à la pitié ou au ridicule le pays dans lequel il est né, n'est pas un écrivain patriote. Puisqu'en France on aime tant à citer les Grecs et les Romains, qu'on les imite du moins dans ce qui appartient à tous les temps. Quel est l'écrivain de l'antiquité qui se soit permis d'attaquer la gloire de sa patrie? Quel est au contraire celui qui n'a pas exagéré, sans calcul, le bien qu'il en pensoit, ou déguisé les torts qu'il craignoit qu'on ne lui reprochât?

Dans le milieu du dernier siècle, on a fait une grande vertu de l'*impartialité*; car l'indifférence aime à se masquer. D'abord, je nie qu'un homme qui aime sa patrie puisse être assez impartial pour la juger; cela est contre nature, et toutes les fois qu'un écrivain mettra de l'amour-propre à se montrer sans prévention dans les jugemens qu'il portera de son pays, soyez persuadé qu'il tombera dans l'excès contraire à celui qu'il vouloit éviter. Il sera trop sévère, soit pour prouver qu'il est au-dessus de tout *préjugé*, soit par la petite vanité de se faire croire plus sage que ses concitoyens; et d'ailleurs, quel seroit le sort de la nation chez laquelle les écrivains traiteroient leur patrie sans préjugé, tandis que les écrivains de toutes les autres nations ne parleroient de leur patrie qu'avec enthousiasme et respect? Voilà pourtant quelle fut la destinée de la France avant la révolution; et l'on s'étonne que les puissances étrangères aient si mal deviné quelle seroit l'issue de cette crise extraordinaire! Qui pouvoit savoir qu'il existoit autant d'amour pour la véritable gloire chez un peuple que tous ses écrivains présentoient comme ridicule, ou comme abâtardi par le despotisme? A ne juger que par le résultat, on seroit tenté de croire que ceux de nos auteurs qui nous ont si mal traités, ont tendu un piége à l'ambition de l'Europe, réduite aujourd'hui à nous reprocher la nôtre; mais ce reproche, quoique mal fondé, nous est si honorable, qu'il ne faut pas le combattre avec des phrases. Pour moi personnellement, j'aime assez qu'on se rappelle toutes ces vieilles fables qui eurent tant de crédit en Europe dans les beaux jours de Louis XIV. La haine ou la crainte ne prêtent de grands projets qu'aux nations qu'elles reçonnoissent grandes.

Plus j'étudie ce qui m'entoure, plus je suis convaincu que nous n'avons rien à envier aux autres peuples ; plus surtout je suis convaincu que nous ne devons rien en imiter. Cette liberté de la presse, dont on fait tant de bruit ici, a-t-elle produit un seul ouvrage qui ait manqué au génie français ? Et tous les livres nombreux, nés pendant la révolution, valent-ils pour la France, pour l'Europe et pour la postérité, le plus mince des volumes consacrés dans notre grand siècle? La liberté de la presse manqueroit-elle maintenant en France à l'écrivain qui seroit tourmenté de grandes pensées ? Restreinte seulement pour les libelles, faut-il nous en plaindre lorsque nous voyons paroître en Angleterre tant d'articles qui seraient insultans s'ils n'inspiroient le mépris, et qui deviendroient humilians pour la nation anglaise, en faisant croire qu'elle a traité de la paix plus par force que par amour de l'humanité, si tout le monde ne savoit qu'un des priviléges de la liberté de la presse est de rendre nuls et l'éloge et la satire? On peut même ici annoncer le desir et l'espoir d'un grand crime, sans produire la moindre sensation. Heureusement pour nous, nous avons des idées plus délicates sur l'honneur des particuliers, sur le respect dû aux nations : nous ne permettons pas l'insulte, parce que nous sommes sensibles à la louange ; nous ne tolérerons jamais les cris de la rage sanglante, parce que la pensée d'un crime n'entre ni dans notre morale, ni dans notre politique. Conservons cette délicatesse et ces sentimens ; ils valent mieux que des libelles.

Et, mon dieu ! avec l'art si facile en France de faire ressortir les ridicules, si nous voulions repousser les attaques, que de choses nous aurions à dire ! Et tandis qu'on examine lourdement un gouvernement qui se forme, que nous aurions beau jeu à traiter légérement des gouvernemens tout formés. Et les hommes, et les familles ! quelle quantité de vices on ramasse quand on ne cherche que cela ! Mais, en vérité, nous sommes trop forts pour nous faire craindre par notre esprit, et pourvu que nous nous contentions de juger les autres peuples avec la même *impartialité* que nos auteurs du dernier siècle nous ont jugés, nous nous croirons ce que nous sommes réellement, trop grands pour rien imiter, trop bien partagés pour rien envier, et assez sages pour beaucoup pardonner.

P. S. Je me suis engagé à prouver la vérité des reproches que je fais aux philosophes; je choisirai mes preuves dans la Correspondance de Voltaire. Si je cite peu, ce n'est pas que les citations me manquent; mais je crois que celles dont je vais faire usage, suffisent.

Lettre de Voltaire, au Prince-Royal de Prusse.

« Vous pensez comme Trajan (1), vous écrivez comme Pline, et vous parlez fran-

(1) Il y a dans l'édition de Beaumarchais : Vous

çais comme nos meilleurs écrivains. Quelle différence entre les hommes ! Louis XIV étoit un grand roi, je respecte sa mémoire ; mais il ne parloit pas aussi humainement que vous, monseigneur, et ne s'exprimoit pas de même. J'ai vu de ses lettres ; il ne savoit pas l'orthographe de sa langue. »

Réponse du Prince-Royal.

« Louis XIV étoit un Prince grand par une infinité d'endroits ; un solécisme, une faute d'orthographe ne pouvoit ternir en rien l'éclat de sa réputation établie par tant d'actions qui l'ont immortalisé. Il lui convenoit en tout sens de dire : *Cæsar est supra grammaticam.* Mais il y a des cas particuliers qui ne sont pas généralement applicables : celui-ci est dû nombre ; et ce qui étoit un défaut imperceptible dans Louis XIV, deviendroit une négligence impardonnable en tout autre. »

Qui ne croiroit le passage de la lettre de

---

parlez comme Trajan ; c'est une faute. On en trouve beaucoup d'autres, et de plus lourdes.

Voltaire, écrit par un étranger tourmenté du desir d'abaisser Louis XIV, et la réponse du Prince-Royal, celle d'un Français jaloux de venger la mémoire de ce grand roi?

Voltaire, qui étoit plus vieux lorsqu'il écrivoit à l'impératrice de Russie, se montre aussi plus cynique. Après l'avoir présenté abaissant Louis XIV pour flatter un prince qui n'étoit encore connu par aucun exploit, je vais le faire voir livrant sa patrie au ridicule et au mépris.

Il vante les victoires de Catherine; il en fait une étoile; il est malade, il mourra si elle ne détruit l'empire Ottoman, que la France a le plus grand intérêt à soutenir; et, dans les mêmes lettres, il nous peint uniquement occupés de l'Opéra-Comique. Il traite avec une légéreté impardonnable, il accuse même des Français qui, plus sages que leur gouvernement, étoient allés combattre pour l'indépendance des Polonais. Au lieu de rappeler ou d'apprendre à Catherine, qu'un des anciens priviléges de la noblesse française étoit de se montrer partout où il y a de la gloire à acquérir, il parle si mal de ces gentilshommes, que, lorsqu'ils succombent avec l'indépendance polonaise, Catherine se croit autorisée à lui écrire : Pour vos petits-maîtres de Paris, ils iront faire un tour en Sybérie. Cette impératrice, dans sa correspondance qu'on nous présente comme un monument élevé en l'honneur des philosophes français, nous appelle *Velches* et *bavards :* c'étoit Voltaire qui lui en donnoit l'exemple.

Il y a bien peu de personnes qui aient deviné le secret de cette correspondance, quoiqu'il soit tout entier dans ce peu de mots d'une lettre de Voltaire : Ma Catau aime les philosophes ; son mari aura tort dans la postérité. Je suis toujours étonné de l'impudence de ceux qui ont rendu publiques de pareilles infamies. L'impératrice de Russie est grande par la manière dont elle a gouverné ses États, et non pour avoir caressé les philosophes qui, comme on voit, ne la ménageoient pas entr'eux. Il y a surtout une lettre de d'Alembert, dans laquelle elle est traitée fort lestement.

Pour qu'on ne m'accuse pas de citer à faux, je vais rapporter différens passages des lettres de Voltaire à l'impératrice ; on verra comme il étoit occupé de la gloire de la France.

« Nous ne laissons pas d'avoir de la gloire aussi. Il y a, dans Paris, de très-jolis carrosses à la nouvelle mode; et on a inventé des surtouts pour le dessert qui sont d'un goût charmant; on a même exécuté depuis peu un motet à grands chœurs qui a fait beaucoup de bruit, du moins dans la salle où on le chantoit; enfin nous avons une danseuse dont on dit des merveilles. »

Un an après, il répétoit cette mauvaise plaisanterie, avec des commentaires.

« Je veux aussi, madame, vous vanter les exploits de notre *patrie*. Nous avons depuis quelque temps une danseuse excellente à l'Opéra de Paris. On dit qu'elle a de très-beaux bras. Le dernier opéra-comique n'a pas eu un grand succès, mais on en prépare un qui fera l'admiration de l'*univers*; il sera exécuté dans la première ville de l'*univers*, par les meilleurs acteurs de l'*univers*. »

« Notre flotte se prépare à voguer de Paris à Saint-Cloud. »

« Nous avons un régiment dont on a fait

la revue ; les politiques en présagent un grand événement. »

Voilà comme les philosophes peignoient la nation française dans toutes les cours, et surtout dans le Nord. Ai-je eu tort de dire que leurs flagorneries pourroient aujourd'hui être regardées comme un piége qu'ils tendoient à l'ambition de ces puissances, en les disposant à se partager idéalement le pays d'un peuple qui n'avoit plus que des danseuses, une flotte sur la Seine, et un beau régiment dont on faisoit la revue.

Je le demande à tout Français : Si de pareilles lâchetés n'étoient pas sous le nom de Voltaire, ne les couvriroit-on pas du dernier mépris ? et parce que ce philosophe avoit de l'esprit, approuvera-t-on en lui ce qu'on ne pardonneroit pas à un sot ?

Peut-on aussi oublier qu'il vouloit établir une colonie de philosophes pour bouleverser la France avec plus de sûreté, en attaquant sans relâche la religion à laquelle tenoit alors le sort de l'État ? Il se plaint de la tiédeur des frères ; c'est que les frères, pour me servir des expressions du grand Frédéric, *ne portoient pas dans toute leur conduite les passions de la tragédie.* Ils vouloient bien faire révolution, mais sans quitter leurs habitudes, Paris et l'Opéra-Comique. Une ville d'Allemagne leur paroissoit un séjour moins agréable que la première ville de l'*univers.*

De nos victoires et d'une paix glorieuse, nous avons retiré cet avantage personnel, qu'un Français, dans le pays étranger, se sent grand de sa patrie; et nos guerriers ont répondu à nos philosophes.

LETTRE QUATRIÈME.

Londres, 18 juin.

Je vous ai promis quelques détails sur les théâtres de Londres, non dans les rapports qu'ils ont avec la littérature : il me semble qu'il n'y a plus de discussions en France à cet égard; mais dans ce qu'ils peuvent offrir de réflexions sur les usages et les mœurs des habitans de la capitale.

Je commencerai par l'Opéra-Italien, qu'on appelle ici Théâtre du Roi, je ne sais pourquoi, car il n'est le théâtre ni du roi, ni de la nation : au contraire, les chanteurs sont d'Italie, les danseurs marquans sont de France, et tout est si étranger à ce théâtre, qu'à la sortie il est du bon ton de ne parler que français : les titres des ballets sont presque toujours affichés dans cette langue.

La salle est grande, décorée sans goût ; mais comme les loges sont bien séparées les unes des autres (ce qui n'est ainsi qu'à ce spectacle), les femmes y paroissent avec avantage. Le théâtre est petit, si on le compare à celui de l'Opéra de Paris ; cependant il faut croire qu'il est beaucoup trop grand pour les pièces qu'on y joue et les ballets qu'on y exécute ; car les côtés en sont constamment occupés par des jeunes gens. J'ai vu *Virginie*, au milieu de cent hommes, pleurer de la crainte d'être perdue dans un désert. Les jeunes gens regardent comme un privilége d'aller sur le théâtre de l'Opéra ; cet usage, contre lequel on a tenté une fois de s'élever, se conservera, par la raison que le peuple n'est rien à ce spectacle, que les calculs sont faits pour l'en éloigner, et que s'il parvenoit à s'y faire place, la bonne compagnie y renonceroit. Ceci demande à être expliqué.

Les femmes de bon ton, et celles de bonnes mœurs, se plaignent également de ce que Londres n'a pas un seul théâtre châtié; elles ont raison. Elles se plaignent encore de ce que toute place appartient au public, quand la personne qui l'a fait retenir n'est pas arrivée à la fin du premier acte. Comme on dîne ici à la même heure qu'à Paris, il est impossible de se rendre au théâtre à sept heures, sans rompre ses habitudes, ou sans renoncer à sa société. Nos dames françaises objecteront qu'il faut louer des loges, et qu'une loge louée appartient à qui l'a payée, lors même qu'il lui plairoit de ne pas venir au spectacle; elles ignorent que l'après-dîner des Anglais est un moment terrible, et que, pour éviter les batailles, la tranquillité a fait une loi d'abandonner toute place vide, à une certaine heure, à quiconque se présente pour la remplir. Il est d'usage de retenir des places d'avance; mais comme on risque de les perdre, on ne les paie pas; on se contente de se faire inscrire.

Cet usage, qui privoit la haute société du spectacle, a décidé le succès de l'Opéra-Italien ; il s'est formé une coterie bien unie pour soutenir, à haut prix, un théâtre étranger au peuple et à la bourgeoisie. On a sa loge à l'Opéra ; on y prend un abonnement. Le parterre, où les femmes vont comme à tous les autres théâtres, coûte une demi-guinée ; il ne reste, pour les gens peu riches, que le paradis qui est fort grand, et où ceux qui s'assemblent essayent quelquefois de donner la loi ; mais ils ont constamment contre eux et les loges et le parterre.

Les Anglaises, si modestes et si silencieuses dans tous les endroits publics, ne sont plus Anglaises à l'Opéra, ou pour mieux dire, elles s'y regardent comme dans une société particulière. Personne n'écoute ce qu'on y chante ; personne ne regarde comme on y danse ; on ne vient là que pour se montrer étranger aux usages nationaux, pour causer, pour se faire voir, pour rendre et pour recevoir des visites, bien sûr que, sans se donner la peine de porter aucune attention à ce qui se passe sur la scène, on apprendra le lendemain, par les journaux, que l'opéra a été fort bien chanté, et que les ballets ont produit un grand effet.

Effectivement, sans les journaux, qui s'aviseroit de le dire? L'Opéra-Bouffon est très-foible, et se compose de vieilles voix qui rappellent à peine des souvenirs; le grand Opéra est exécuté par les mêmes sujets, sauf une cantatrice, madame Banti, qui a des moyens, une méthode excellente; c'est la seule aussi qu'on écoute quelquefois, non parce qu'on sent son talent, mais parce qu'elle a de la réputation. Où le goût des arts n'existe réellement pas, les arts ne se soutiennent que par prévention; cette vérité est plus saillante ici que dans tout autre pays. Il faudroit la répéter à nos jeunes artistes. J'en vois qui accourent à Londres sur l'idée qu'ils se font du prix que les Anglais mettent aux arts. Il seroit plus juste de dire qu'ils envient les arts; aussi ne veulent-ils que ce que les autres nations ont mis en crédit, et le plus grand talent, sans réputation faite, ne trouvera pas ici le moindre accueil.

Si j'ai distingué madame Banti des autres sujets de l'Opéra, ce n'est pas que je lui aie trouvé un talent supérieur; mais je suis persuadé qu'elle en a eu un, et qu'elle en auroit encore un partout autre part qu'à Londres. Que lui reviendroit-il de travailler beaucoup ici? J'ai assisté à une représentation d'*Armide*, que l'on m'avoit beaucoup vantée; la musique est insignifiante. Ce jour-là, l'orchestre, le piano dirigeant, et la voix de madame Banti, ne se trouvoient pas d'accord; je fus peut-être le seul qui m'en aperçus. Le lendemain, les journaux m'assurèrent que cet ouvrage n'avoit jamais été mieux exécuté. Cette nouvelle me fit de la peine; pour l'honneur de l'Opéra, j'aurois mieux aimé apprendre le contraire.

Quant aux ballets, il n'y en a plus; car trois sujets ne peuvent rendre un ballet fort intéressant, et c'est par politesse que je compte à l'Opéra trois sujets dans la danse. Les habitués de ce spectacle ne se dissimulent pas combien il est au-dessous de l'argent qu'il leur coûte. Chaque année, les entrepreneurs promettent qu'ils sera meilleur; mais quoiqu'on y applaudisse rarement, comme on n'y murmure jamais, comme la salle est toujours pleine, et que son premier mérite est d'offrir un rassemblement à la haute compagnie, l'Opéra peut durer encore long-temps tel qu'il est. A neuf heures, ce théâtre présente un aspect vraiment particulier; il est plein, et on n'y voit que des femmes: l'usage veut que les élégans, par excellence, ne s'y montrent pas avant dix heures, et ceux qui arrivent plutôt, ont grand soin de ne pas se faire voir jusqu'à ce moment. Si l'on peut chercher une origine aux fantaisies que la mode met en crédit, on penseroit que cet usage vient de l'habitude où sont les hommes de rester long-temps à table; mais j'ai peine à croire que le plaisir de boire, qui n'est plus avoué de la bonne société, soit le prétexte pour n'arriver que tard dans un spectacle où l'on se pique de n'être pas Anglais, du moins dans les manières. Je pense tout simplement qu'on y arrive tard, pour s'y ennuyer moins.

Après l'Opéra, le premier théâtre est

celui de Drury-Lane ; je dis premier, non par son genre, car tous les genres sont ici confondus sur tous les théâtres ; mais par l'élégance de la salle, et par l'ensemble des sujets. La salle est jolie par sa décoration, plus que par sa forme trop circulaire ; défaut général à Londres, et qu'on ne corrige que par un autre défaut bien plus grand, c'est-à-dire, par des loges sur le théâtre. Ces loges sont placées de manière qu'elles se confondent avec les décorations, et ne permettent guères de voir un acteur, sans fixer en même temps des personnes qui causent positivement au-dessus de sa tête, pour se dédommager sans doute de ne l'entendre que de profil.

La première chose qui frappe un étranger dans un théâtre anglais, est le silence qui règne dans toutes les places qui sont en évidence, et le tintamarre affreux, l'indécent rassemblement qu'on trouve dans les corridors et à l'amphithéâtre des premières, amphithéâtre fort grand, renfoncé sous les loges, et qui a l'inconvénient de toucher au foyer où les femmes publiques se promènent. Ce qu'on reprochoit à nos spectacles de nuit de la Foire, n'est rien en comparaison de ce qui se passe à cette place. Pour en donner une idée sans blesser la pudeur, il suffira de dire que c'est l'ivrognerie aux prises avec des femmes, dont le métier est de profiter de toutes sortes d'ivresse. Heureux les indifférens quand l'indécence ne fait d'autre bruit que celui qui la signale! mais il est rare que la soirée se passe sans dispute et sans combat. J'en ai vu un fort long dans les loges en évidence, entre des hommes fort bien mis, et devant des femmes de la tournure la plus honnête : tout cela ne cause point de scandale. Au reste, n'allez pas croire que la modicité du prix soit ce qui attire la foule à l'amphithéâtre; les places y coûtent un peu plus de 7 fr. de notre monnaie; il est vrai qu'à huit heures on y entre à moitié prix, et c'est le moment où les foyers et les corridors se garnissent à ne pouvoir y circuler.

Soyez persuadé que le plaisir, dont le besoin paroît ici d'autant plus vif qu'il faut qu'il soit bruyant pour émouvoir, soyez persuadé, dis-je, que le plaisir finira par mettre les habitans de Londres sous la main de la police. Quand on attache un grand prix à toutes les jouissances, on desire bien vîte les savourer tranquillement, et alors la police se montre sans inspirer d'effroi. Elle est nécessaire ; on se bat à la porte des bals, on se bat dans l'intérieur ; trente voitures sont quelquefois brisées dans une soirée ; et les Anglais sont tout prêts à consentir qu'on les sauve de ces petits désagrémens.

La tragédie anglaise se compose en général de fous, de folles, de spectres, de meurtres longuement exécutés, et de sang. Il seroit curieux de chercher la cause du plaisir que peut trouver un peuple à contempler si souvent le plus honteux de tous les spectacles, l'homme privé de sa raison. Cette recherche me meneroit trop loin ; mais je crois que dans un pays policé comme la France, et dans un siècle où les maladies nerveuses, qui échappent à tout l'art de la médecine, sont si multipliées, il seroit d'une bonne police d'interdire au spectacle ce qui produit des émotions trop fortes. Notre public repousse maintenant de nos théâtres ce qu'on appelle le genre anglais ; il a raison : il faut à une nation délicate des spectacles qui élèvent l'esprit ou qui le réjouissent ; tout ce qui va au-delà est faux et dangereux. Plus on réfléchit, plus on admire nos auteurs du siècle de Louis XIV, qui, sans s'être jamais vantés, se sont toujours trouvés d'accord, non-seulement avec le génie des arts, mais encore avec la plus haute politique en tout ce qu'elle a de relation avec la morale publique.

Shakespear avoit décidé du sort de la tragédie en Angleterre, avant que le goût fût formé ; il n'en est pas de même de la comédie. Quoiqu'elle ne soit pas châtiée dans le dialogue, quoiqu'elle ne soit pas toujours décente dans les situations, elle est soumise aux règles de l'art (1), et souvent imitée de nos meilleurs auteurs ; mais on coupe les actes par des intermèdes qu'on appelle chansons favorites ; ce qui paroît ridicule aux Français qui ne sont pas fâchés d'avoir, dans les entr'actes, quelques

(1) Pas à la règle de l'unité de lieu.

minutes pour réfléchir ou pour causer sur ce qu'ils viennent de voir et d'entendre ; usage fort bon, et qui, je crois, aide beaucoup à former le goût. C'est tout le contraire à Londres ; le spectacle dure toujours cinq et même six heures, et, pendant tout ce temps, le théâtre n'est pas vide dix minutes : rien n'est plus fatigant.

Au reste, ce n'est pas le goût qu'il faut chercher ici (1) ; le premier théâtre a des pantomimes comme le dernier, souvent moins belles, et des farces comme celles qui amassent le peuple sur nos boulevards. La même soirée montre quelquefois madame Sidonns et Paillasse, le tout mêlé de quelques ballets dans lesquels les matelots jouent volontiers le premier rôle. Cet assemblage est insupportable ; mais qu'espérer d'un théâtre où sont confondus la tragédie, la comédie, l'opéra, la pantomime, la danse

---

(1) Comme les Anglais ne peuvent disconvenir qu'ils manquent de goût et de respect pour les convenances, ils abandonnent ces qualités aux Français, et s'adjugent le génie et l'imagination; mais qu'est-ce que le génie sans respect pour les convenances, et l'imagination sans goût ?

et les farces ? Il n'y a pas ici de théâtre national, ou tous les théâtres sont nationaux, car ils se ressemblent tous : j'aimerois mieux la première assertion ; elle laisseroit du moins quelqu'espoir pour l'avenir.

Je ne vous parlerai point de madame Sidonns, dont la réputation est si grande dans la tragédie ; il ne faut pas juger ce que le temps a consacré, car le temps, qui ne se repose jamais, gâte aussi ce qu'il consacre : beaucoup de talent, et un peu de manières, voilà ce qu'il est impossible de refuser à cette actrice.

Dans la comédie, il y a une dame Jordan que les Anglais aiment beaucoup, et je suis fort tenté de les imiter, non qu'elle soit jeune, non qu'elle ait la taille de ses rôles ; mais, nous autres Parisiens, nous sommes accoutumés à n'y pas regarder de si près, et quand les années et l'embonpoint viennent gâter un joli physique, nous nous en consolons si le talent se conserve : c'est ce qui est arrivé à madame Jordan. Les rôles dans lesquels elle brille ne sont pas connus en France, parce qu'ils ont leur origine dans les usages de ce pays. Les Anglaises reprochent aux Françaises de songer de trop bonne heure aux manières de leurs filles, de les accoutumer à s'observer dès leur plus tendre jeunesse : sans doute, l'excès seroit un défaut. En Angleterre, jusqu'à l'âge de quatorze ou quinze ans, une fille jouit de la liberté de tous ses mouvemens; lorsqu'on pense à lui donner du maintien, elle a des habitudes formées si contraires, qu'il en résulte un contraste, et par suite une gaucherie qui ne s'efface jamais entièrement. Les Françaises, contraintes de meilleure heure, ont plus d'aisance, de grâces lorsque l'âge de la coquetterie leur fait sentir l'utilité des avis qu'on leur donnoit dans leur enfance. Cette manière diverse d'envisager la première éducation, produit, en grande partie, la différence qu'on remarque entre la tournure des femmes de ce pays et la tournure des femmes de notre pays.

Madame Jordan excelle dans les rôles de ces jeunes filles qui, de la campagne, tombent tout-à-coup dans un salon de Londres. De la brusquerie, de la familiarité, des gestes de garçon, des grâces de son sexe, des pleurs pour rien, des sauts, des éclats de rire pour peu de chose; mettez un peu d'amour avec tout cela, et vous devinerez qu'il faut absolument qu'une actrice, en pareil cas, soit charmante ou ridicule : madame Jordan a pris le premier parti. Par une conséquence presque forcée, elle perd beaucoup de ses avantages quand elle joue des rôles qui exigent de la tenue.

Je pourrois sortir du théâtre de Drury-Lane, puisque je rencontrerai madame Billington au théâtre de Coven-Garden; elle chante alternativement à l'un et à l'autre. Cependant je ne puis quitter Drury-Lane sans parler d'une actrice qui joue dans l'Opéra-comique, et qu'on appelle mademoiselle Moutain. Sa voix n'est pas très-étendue, mais elle est touchante; elle la ménage bien; ses transitions sont toujours faciles et souvent heureuses. Si chacune de ses ariettes lui rapportoit cinquante guinées, je suis convaincu que les trois royaumes se réuniroient pour lui reconnoître un talent extraordinaire; mais je n'ai pas entendu dire qu'elle fût payée autant que quatre amiraux; aussi n'y a-t-il que les connoisseurs qui parlent d'*elle* : cela ne fait pas grand bruit.

Cette lettre est déja longue, et je remets à une autre pour vous parler de madame Billington, de la musique anglaise en général, et de plusieurs autres objets ; mais je ne terminerai pas celle-ci sans vous entretenir des journalistes.

Je vous ai déja dit ce que je pensois d'eux sous le rapport de la politique : l'usage qu'ils font de la liberté dont ils se vantent, ne leur ayant valu que le mépris de ceux qu'ils attaquent (et à eux tous, ils attaquent tout le monde), il leur restoit du moins les arts pour se donner un peu de considération. La critique, dans ce pays, ne va pas plus loin que les caricatures, et cela regarde les marchands d'estampes ; mais pour des discussions sur la littérature, vous en chercheriez vainement dans les feuilles qui paroissent tous les jours : cela tient à deux causes, la paresse ou le défaut d'instruction chez les rédacteurs, et l'habitude de mettre, en payant, tous les articles qu'on leur apporte, pourvu toutefois que ces articles ne soient pas opposés au parti qu'ils servent, et qui fait leur fonds de boutique. Or, comme les arts et surtout l'art dramatique, ne sont pour rien dans les intérêts des partis, vous ne trouvez, dans les journaux, que des éloges sur les pièces, sur les acteurs, et même sur l'assemblée, toujours la plus brillante que l'on ait vue jusqu'alors. Les journaux se remplissent de tout, excepté de cette critique qui annonce le goût, et qui le conserve. En France, c'est tout le contraire, et jamais pays n'offrit des journaux plus libres; car jamais journaux ne furent moins à la solde des individus. Aucun rédacteur ne voudroit vendre son opinion sur les arts, parce qu'il compte son opinion pour quelque chose, et souvent avec raison. La critique y est vive, quelquefois sévère, mais toujours éclairée; elle forme à la fois le public et les artistes, et les tient à l'unisson : elle fait plus; elle empêche l'enthousiasme toujours ridicule quand il n'est pas dangereux, parce que le goût est opposé à tous les excès, et que l'enthousiasme en est un. Par une conséquence nécessaire, il n'y a pas ici de critique; il y a peu de goût, et beaucoup d'enthousiasme.

LETTRE

LETTRE CINQUIÈME.

Londres, 25 juin.

Je ne vous parlerai pas de la salle de Covent-Garden, moins grande, moins fraîchement décorée que celle de Drury-Lane, et absolument de la même forme. J'aurois peu de choses à dire, si je n'avois réservé pour ce théâtre cette cantatrice qui fait tant de bruit en Angleterre, et qui, avec des ariettes, a trouvé le secret de se faire un revenu égal à celui de nos fermiers-généraux dans le bon temps.

Avant de remercier le ciel du talent qu'il lui a donné, madame Billington doit lui rendre grace de lui avoir accordé toute la force nécessaire pour bien l'exercer. Deux théâtres ont été obligés de se réunir pour la payer pendant ce qu'on appelle ici *la saison*, c'est-à-dire, pendant que la ville est pleine : elle chante alternativement à l'un et à l'autre ; ce qui ne l'empêche pas de se faire entendre dans les concerts publics, et de paroître dans les fêtes particulières que sa voix peut embellir. Elle chante le dernier soir de la saison, et part la nuit pour la province. Heureuse si, pendant qu'elle court la poste, ses postillons ne refusent pas d'avancer, à moins qu'elle ne leur accorde quelques favorites chansons. On la trouvera cet été par-tout, et l'on pourroit faire un tour d'Angleterre, d'Écosse et d'Irlande, en se laissant entraîner par les doux accens de sa voix.

Nos grands talens français qui se montrent si rarement, vont plaindre cette pauvre madame Billington; qu'ils se rassurent. Elle est grasse, forte; son ame n'étant pour rien dans son talent, on ne pourroit craindre la fatigue que pour son gosier vraiment extraordinaire; mais elle a prouvé qu'il est infatigable. D'ailleurs, il faut que cela soit ainsi en Angleterre, où l'on fait répéter les airs les plus difficiles aussi souvent que les plus mauvaises chansons; et la cantatrice qui ne manque jamais de faire une révérence quand elle est applaudie, vient, de la meilleure grace du monde, en faire plusieurs quand on lui crie *encore;* mot qui, en anglais, signifie *bis* en français.

Je ne dirai point l'âge de madame Billington, quoique les actrices aient en commun avec les têtes couronnées de ne pouvoir tromper le public à cet égard; elle est encore belle, et son embonpoint lui messied peu, parce qu'elle ne fait aucun effort pour le dissimuler. Elle ne cherche point du tout à jouer la comédie; elle parle son dialogue et chante ses airs; mais elle chante parfaitement. Sa méthode est tellement italienne, qu'on n'a pas besoin qu'on vous dise qu'elle s'est perfectionnée sur les lieux; on le sent. Sa voix est très-élevée, peu soutenue dans le bas, mais à-la-fois hardie, douce et légère; elle étonne, elle produit tout le plaisir que peuvent donner des sons enchanteurs; cependant l'ame reste calme. Ce n'est pas la faute de madame Billington; la nature lui a donné une voix étonnante; si son ame étoit à l'unisson, elle seroit plus qu'une cantatrice.

Il faut souvent acheter le plaisir de l'entendre, excepté dans les concerts; je veux dire que l'orchestre qui l'accompagne, et presque tout ce qui chante avec et autour d'elle, font disparate; et quand le goût est choqué, une ariette le distrait, mais ne le console pas. En général, les cantatrices crient beaucoup ici, parce qu'elles peuvent chanter faux deux ou trois fois dans le cours d'une ariette, sans rien perdre de leur assurance; on ne murmure pas. En France, au contraire, un son faux produit un tel effet sur les auditeurs et sur la cantatrice elle-même, qu'ils en sont également déconcertés. (1)

---

(1) La musique, en Angleterre comme par-tout, entre maintenant dans l'éducation des jeunes demoiselles. Elles font de la musique souvent, autant de fois qu'on les en prie; elles chantent plus d'italien que d'anglais; mais elles exécutent sans expression, changent de mesure, faussent quelquefois un air tout entier, sans éprouver le plus petit embarras; elles n'en ressentent aucun non plus des complimens que la politesse leur accorde, et qu'elles méritent du moins par leur complaisance et leur modestie. La musique, en Angleterre, est un usage plus qu'un goût; elle n'y sera jamais une passion, ce qui n'est pas un grand malheur. Les bons maîtres y sont rares; aussi les Français que les événemens ont conduits à donner des leçons de cet art, sont-ils très-recherchés. En général,

La manie de rivaliser Paris fait dire aux Anglais qu'ils ont trois talens auxquels nous ne pouvons rien comparer ; mesdames Billington, Banti et Mara. Il y a si long-temps qu'on n'a entendu cette dernière en France, que ceux qui se la rappelleront, ne concevront plus guères comment elle chante encore en Angleterre ; cependant, il est certain qu'elle donne des souvenirs de son ancienne réputation, ce qui n'empêche point Paris de n'avoir rien à envier à Londres. L'ensemble de nos opéra est ce qui en fait le charme, et l'abondance des talens empêche seule quelques-uns d'être trop particulièrement distingués. Des trois cantatrices citées à Londres, une seule, madame Billington, est Anglaise, et ce n'est pas dans sa patrie qu'elle a pris le goût qui la distingue. En France, les talens sont une production du climat, et l'opéra Italien, loin d'avoir la prééminence sur les autres spec-

---

les ressources indépendantes que, dans une ville comme Londres, sont parvenus à se créer tant de Français tombés là tous-à-la-fois, forment une preuve irrécusable en faveur de l'industrie française.

tacles de Paris, a besoin de beaucoup d'efforts pour soutenir la concurrence. D'ailleurs, la discussion sur la prééminence peut être décidée par une seule observation. En accordant que les Anglais et les Français eussent les mêmes dispositions naturelles pour la culture de tous les arts, il n'en resteroit pas moins cet avantage pour nous, que nous entretenons à grands frais des établissemens pour former des élèves, et qu'en Angleterre il n'y a point d'établissemens pareils. Or la nation qui ouvre des classes à ceux qui ont des dispositions naturelles, doit l'emporter sur la nation qui abandonne au hasard les talens qu'elle espère.

Je puis, en deux mots, vous donner une idée de la musique anglaise; c'est, comme une partie de la musique française, une imitation ou un pillage de la musique italienne, avec la différence que le caractère des deux nations doit mettre dans leur manière d'imiter. La musique allemande, qui a conservé son indépendance, auroit dû réussir ici; on n'en trouve aucune trace, tandis qu'en France, depuis Gluck, la musique allemande a eu un grand nombre de partisans ; et c'est sans doute pour n'avoir pas imité la manière d'une seule nation, que nous avons une musique qu'on pourroit appeler *française ;* musique que Grétry a signalée avec tant d'esprit, et Méhul quelquefois avec tant de force. A Londres, c'est le genre italien qui domine ; il n'est pas rare cependant d'y entendre des airs entièrement pillés de nos opéra ; mais, avant de prononcer, il seroit sage de rechercher si originairement ces morceaux ne nous venoient pas un peu d'Italie. Au reste, ici comme en France, on peut s'apercevoir que la musique savante est plus faite pour être admirée que pour produire des sensations ; aussi lorsque par hasard on chante au théâtre un air dont le mouvement est anglais, tel foible qu'il soit de composition, on est sûr qu'on le fera répéter, et ce n'est plus alors une affaire de bon ton, mais réellement un mouvement de plaisir. Je conçois très-bien cela, ayant toujours remarqué que la partie de la musique qui tient au caractère d'un peuple, a un charme auquel les étrangers mêmes sont sensibles.

Sans quitter Covent-Garden, je puis vous entretenir d'un genre qui, à Londres, appartient à tous les théâtres, mais qui fait particulièrement la fortune de deux spectacles du second ordre; je parle de la pantomime. Comme elle s'est formée par imitation de la tragédie, on ne doit lui demander ni unité de lieu, ni unité de temps; c'est un mouvement continuel d'hommes, de femmes, d'enfans, de décorations qui vont et qui viennent dans tous les sens. On n'y comprendroit rien sans le bill imprimé qu'on vend dans les foyers, et surtout sans les nombreux écriteaux que les acteurs déploient à chaque instant aux yeux des spectateurs. Une belle femme est indispensable pour le succès d'une pantomime; aussi l'héroïne de chaque théâtre, pour ce genre, est-elle toujours riche de taille et quelquefois de figure. L'héroïne de Covent-Garden, qui réunit ces deux avantages, inspire vraiment beaucoup d'intérêt; et, à défaut de paroles, elle pousse souvent des cris étouffés qui brisent l'ame. Jusque-là tout est bien; je l'ai vu devenir folle; c'est encore pour le mieux, car elle tire alors un grand parti de ses cheveux en désordre, et des draperies blanches et légères dont elle s'enveloppe. Mais pourquoi ne pas s'arrêter là? La folie n'est-elle donc pas un spectacle assez effrayant pour émouvoir toutes les ames? Vous allez me demander ce qu'il y a au-delà : le voici.

Le mari de cette femme a été blessé et enlevé; elle le croit mort. Quand elle revient sur le théâtre après ce malheureux événement, elle tient le sabre qui a percé son bien-aimé; ce sabre est teint de sang; c'est l'usage, il faut bien s'y faire : mais elle passe la main sur ce sabre; sa main devient rouge de sang; elle la regarde fixement, pousse des sanglots, et l'élève ensuite devant les spectateurs. Point de milieu : cela est horrible et dégoûtant. Est-ce tout? Non. Elle étend le sang dans sa main, la regarde encore, la montre encore aux spectateurs, et l'essuie après avec ses longs cheveux. Ici le dégoût l'emporte sur l'horreur. Si l'on jugeoit une nation par ses spectacles, quelle idée celui-ci ne donneroit-il pas de la nation anglaise! Comment les Anglais, qui font un si grand usage du mot *choquant*, ne le prononcent-ils pas unanimement à un aspect pareil ? Pour moi, quoique je fusse prévenu, j'avoue que j'ai souffert pour l'actrice et pour les spectateurs.

Pour tous les spectacles où il paroît du sang vrai ou supposé, j'ai toujours entendu donner des raisons pitoyables ; en considérant bien la France, j'affirmerois que le peuple le plus brave est celui qui ne voit pas l'effusion du sang sans horreur. Cela doit être, ou la bravoure n'est pas une vertu.

Après vous avoir parlé des trois grands théâtres de la capitale, il ne me reste rien à vous dire d'*Astley* et de *Royal Circus*, deux spectacles rivaux, où l'on voit des chevaux et des pantomimes. Les exercices de chevaux n'y sont plus qu'un objet secondaire. La pantomime y est tout ; on l'entremêle de chansons, et d'une espèce de récitatif accompagné du piano ; car, malgré tout ce que les démagogues ont dit de la liberté anglaise, n'est pas libre, qui veut, d'augmenter à Londres le nombre des théâtres ; et la permission accordée à ceux-ci, a, pour première condition, la défense de parler. Je suis loin de blâmer cet arrangement. Si le gouvernement est obligé de maintenir ce qui existe, ou s'il ne peut le changer qu'avec des formes, n'est-il pas naturel que ce qui n'existe pas encore, ne puisse exister que de son consentement, surtout lorsque l'intérêt d'entreprises fondées, et la morale publique, risquent d'être compromis ? La multiplicité des théâtres n'est pas avantageuse à l'art dramatique, ainsi que l'expérience l'a prouvé ; elle peut être dangereuse pour les mœurs. En France, je ne lui ai vu produire que des banqueroutes d'autant plus scandaleuses qu'il étoit facile de les éviter.

Je crois que les petits théâtres, à Londres, pourront, à la longue, contribuer à épurer le goût des grands, parce que les matelots se portent de préférence dans les petits ; ils y jouissent de plus de liberté. Chez *Astley* et à *Royal Circus*, il est ordinaire de les voir s'établir dans l'enceinte où manégent les chevaux ; ils s'asseoient à terre pour boire à leur aise ; ils s'y promènent avec des femmes, ils dansent, chantent, et lorsqu'un peu échauffés il leur prend fantaisie de monter sur le théâtre pour se mêler parmi les acteurs, cela fait rire. Ils n'ont plus le même privilége dans les grands spectacles; ce n'est que du Paradis qu'ils peuvent essayer d'attirer l'attention sur eux, et cela ne leur réussit guères. Ils se réfugient donc dans les petits théâtres, dont les premières loges cependant sont très-bien occupées, et où il règne beaucoup plus de décence que dans l'amphithéâtre et les foyers de Drury-Lane et de Covent-Garden.

Je ne vous parle pas de ce qu'on voit par-tout. Par exemple, dans la tragédie et dans le drame, les acteurs frappant du pied pour produire plus d'effet ou pour avertir les applaudissemens; dans la comédie, l'assurance superbe de l'actrice en crédit, et le respect de ceux qui l'entourent; dans l'opéra-comique, la rivalité des chanteuses qui ne peuvent déguiser le mal que leur font les applaudissemens qu'elles ne partagent pas, ou la pitié si cruelle que leur inspire celle qui chante faux; dans les pantomimes, les attitudes forcées, les grands combats, quelquefois sanglans quoique toujours simulés. Il n'est pas besoin de passer la mer pour remarquer tout cela. Mais je terminerai cette lettre par une observation qui, je l'espère, rectifiera bien des idées françaises. Il est question du tombeau de Garrik.

Depuis long-temps j'en voulois aux Anglais d'avoir placé le mausolée d'un comédien parmi les tombeaux de leurs rois, car c'est-là qu'on nous avoit indiqué la tombe de Garrik. « Eh quoi ! disois-je, l'art de « gouverner les hommes, le plus grand de « tous les arts, parce qu'il est à-la-fois le « plus utile et le plus difficile, est-il donc « si méprisé en Angleterre, qu'un comé- « dien puisse prétendre à mêler sa cendre « à la cendre des rois ? Je sais bien que « tous les hommes sont égaux dans la « tombe, mais ce n'est pas pour les morts « qu'on érige des tombeaux ; c'est pour « l'instruction des vivans. Qu'est-ce qu'un « comédien dans l'ordre social, auprès de « ceux qui sont chargés de gouverner les « États ? Qu'on fasse partager aux guer- « riers qui ont sauvé la patrie, aux poli- « tiques qui ont prévenu le danger, les

« honneurs qui sembloient réservés aux « chefs des nations, je conçois cette distinction ; elle est juste parce qu'elle est « grande et morale. C'est ainsi qu'en France « on a fait envers les restes et la mémoire « de Turenne..... Mais un comédien !..... » Cependant j'interrogeois les voyageurs, je feuilletois les livres, et tout s'accordoit pour me confirmer dans cette idée, que Garrik avoit à Westminster sa tombe parmi celles des rois. Comme il m'est impossible de croire ce qui est absurde, surtout quand il y va de la gloire d'une nation entière, j'ai été vérifier le fait par moi-même. J'ai vu, j'ai détrôné les comédiens : non, Garrik n'est pas enterré parmi les rois.

Garrik avoit du talent, de l'amabilité et des mœurs, conséquemment il avoit des amis et des enthousiastes ; rien n'est plus dans l'ordre des choses. Après sa mort, ses amis proposèrent une souscription pour lui élever un mausolée, ses enthousiastes la remplirent : rien n'est plus naturel encore, surtout à Londres où l'usage fréquent des souscriptions suffiroit seul pour prouver que les petites choses se font par esprit de coterie (1), comme les grandes par esprit de parti. Voilà d'abord le mausolée de Garrik réduit à ce qu'il est, une affaire de particulier, et non une récompense nationale.

Westminster est, comme chacun sait, une grande abbaye où les rois ont leurs tombeaux, mais où chacun aussi peut avoir le sien, non tout-à-fait dans la même partie, mais dans une autre, car l'édifice est vaste. Pour cela, il suffit d'adresser une pétition aux chanoines, et d'entrer ensuite en arrangement. Beaucoup d'hommes, qui ne sont connus que par la fortune qu'ils ont faite dans l'Inde, y sont enterrés; et, si j'en avois le desir, je m'y ferois enterrer aussi. Les souscripteurs pour le mausolée de Garrik, remplirent les formalités; ils obtinrent une place dans un carré où se trou-

(1) Il n'y a pas de ville au monde où l'on doive plus se défier de l'esprit de coterie. Quand une entreprise, ou une fête, ou un talent est sous le patronage d'une société, et que vous tombez parmi les patrons, ils ne vous quittent pas que vous n'ayez été admirer l'objet de leur protection. J'y ai été pris plus d'une fois.

vent Shakespear, Handel, Pope et beaucoup d'autres hommes connus dans les lettres et dans les arts.

Voyez comme le superlatif se réduit tout simplement au comparatif. Garrik a sa tombe parmi celles d'hommes distingués par des talens dont l'exercice est plus ou moins noble, selon les préjugés plus ou moins fondés des nations ; ce sont des amis qui lui ont érigé un mausolée ; un comédien n'est plus enterré parmi des rois et des grands-hommes, et moi.... je n'en veux plus aux Anglais.

Toute ma mauvaise humeur retombe sur les écrivains qui nous ont débité tant de mensonges et de bêtises philosophiques, c'est-à-dire, destructifs de l'ordre social et de la dignité des gouvernemens. Oh ! qu'il reste d'erreurs de ce genre à rectifier sur l'Angleterre !

LETTRE SIXIÈME.

Londres, 26 juillet.

Vous desirez que je vous parle des élections; je n'y pensois pas. Il me sembloit que cette partie honteuse de la constitution anglaise devait être connue en France. Il est vrai qu'en général nous n'avons guères sur l'Angleterre d'autres idées que celles des philosophes qui ont voulu nous faire admirer ce pays; et comme tous leurs sophismes n'auroient pu nous mettre en extase devant le système représentatif anglais, ils n'en ont pas parlé. Je vais donc vous dire ce que je sais depuis long-temps, n'ayant rien appris sur les lieux. Mais avant d'entrer en matière, je me permettrai sur les philosophes français du dix-huitième siècle une réflexion que je crois importante.

Pourquoi vantoient-ils sans cesse l'Angleterre? La réponse n'est pas équivoque: *Par haine pour la France.* Ils plaçoient, en Angleterre, de beaux tableaux qui manquent de vérité, mais qui séduisoient par leur nouveauté ; et les philosophes, comme tous les charlatans, savent fort bien que du moment que l'imagination est séduite, tout est fini. Combien de Français ont fait le voyage d'Angleterre, et n'ont vu dans ce pays que ce qu'ils avoient lu dans les livres des publicistes modernes ! L'homme est si paresseux de voir, que souvent il se ment tout bas à lui-même, pour s'éviter les réflexions qui le conduiroient à la vérité. Louis XV demandoit à un homme très-connu par ses inconséquences, ce qu'il avoit été faire en Angleterre : *Sire*, répondit cet homme, *apprendre à penser*. — *Les chevaux*, ajouta Louis XV en se retournant avec mépris. Ce mot, qui a l'air d'un calembourg, est plein de bon sens. Point de doute que les idées ne s'augmentent en voyageant, puisque plus d'objets vous donnent plus de points de comparaison ; mais on ne va nulle part pour apprendre à penser (1) ; et celui qui sort de

(1) Condillac cependant a fait un volume qui a pour titre : *L'Art de penser*. On conçoit qu'il y ait un art

sa patrie pour commencer à réfléchir, n'est qu'un extravagant qui, à coup sûr, reviendra la tête meublée de sottises.

Quand je reproche aux philosophes d'avoir vanté l'Angleterre, par haîne pour les institutions qui soutenoient la France, je ne hasarde rien, et je fournirai une nouvelle preuve de cette assertion, en citant les encyclopédistes, chefs avoués de la philosophie moderne.

Comment nous ont-ils présenté l'Ency-

---

pour apprendre à bien rendre ses pensées; mais il falloit être arrivé au plus haut degré de la philosophie du dix-huitième siècle, pour changer, en *art*, une *faculté* tellement indépendante de nous, qu'on trouveroit peu d'hommes qui n'aient passé des nuits agitées en essayant vainement de chasser des pensées qui le tourmentoient, soit qu'elles vinssent des combinaisons dont son esprit étoit saisi, soit qu'elles vinssent de ses passions ou de ses intérêts. Un bel art à créer seroit l'art de ne point penser. Quelles nuits tranquilles on lui devroit! O les philosophes! ô les métaphysiciens! Ils ont voulu faire de l'homme une machine, et garder dans leurs mains tous les ressorts qui le font agir; ils osoient lutter contre DIEU! Comment ne les trouveroit-on pas toujours luttant contre ceux qui gouvernent?

clopédie? Comme un monument immortel, comme le dépôt précieux de toutes les connoissances humaines. Sous quel patronage l'ont-ils élevé ce monument immortel? Est-ce sous l'égide des écrivains dont la France s'honoroit? Non, ils ont choisi pour maître et pour idole, un Anglais, Bâcon; ils lui ont fait dire tout ce qu'ils ont voulu, parce que cet auteur, extraordinairement volumineux, n'étoit pas connu en France, et ne l'est guère en Angleterre que de quelques hommes studieux; mais les philosophes sentoient que leur succès, pour introduire des nouveautés, tenoit à faire croire qu'elles n'étoient pas *neuves* pour les grands esprits; et comme les grands esprits français, trop connus, ne se prêtoient pas à un pareil dessein, les philosophes ont eu recours à l'Angleterre. Ainsi, un ouvrage fait en France et offert à l'admiration de l'Europe comme l'ouvrage par excellence, fut mis par des Français sous la protection du génie anglais. O honte! Et les philosophes se sont dit patriotes, et la France, pour prix de sa dégradation, leur a élevé des statues! Le siècle qui commence, plus juste, parce qu'il a le sentiment de la véritable grandeur, laissera ces statues et l'Encyclopédie s'ensevelir sous la même poussière. (1)

Je vous demande pardon pour cette digression; mais je sais que des enthousiastes m'accusent de juger les Anglais avec sévérité; j'ai cru devoir vous dire d'où vient en partie l'humeur que j'ai contre cette nation. Au reste, je pose ici comme maxime générale qu'on ne vante jamais le gouvernement d'un pays étranger, que par opposition au gouvernement sous lequel on est né; et comme tous les gouvernemens peuvent indistinctement s'appliquer cette réflexion, on ne me reprochera d'en flatter aucun. Je n'aime pas plus les Anglais patriotes français, que les Français patriotes anglais.

Je viens aux élections.

La première chose qu'on desire savoir, est celle-ci : A quelles conditions est-on électeur? En effet, la solution de cette

---

(1) L'histoire de l'Encyclopédie étant trop longue pour une note, je l'ai placée à la fin de cette lettre.

question peut seule apprendre si le systême représentatif est démocratique ou aristocratique.

Il sera tout ce que vous voudrez, car il n'y a rien de fixe à cet égard. Pour être électeur, là, il faut une propriété ; ici, une quotité déterminée d'impôts ; ailleurs, rien. A Londres même, qui vote dans la Cité, ne voteroit pas s'il habitoit le quartier dit Westminster. Il y a plus, tel homme qui, dans son canton, n'a pas les qualités requises pour être électeur, n'en est pas moins nommé membre du parlement par le canton voisin du sien. Voulez-vous plus encore? Vous trouverez des bourgs où l'élection se fait tout simplement par le maire et les municipaux ; et si cela ne vous suffit pas, on peut vous offrir des bourgs où il n'y a plus d'électeurs faute d'habitans, mais où il y a toujours élection. Vous sentez qu'en pareille circonstance il n'y a pas de dispute, qu'on ne s'y ruine pas ; c'est effectivement là où le titre de membre du parlement coûte le moins à acquérir, car on ne le paie que ce que le propriétaire du bourg le vend. Le prix varie suivant les temps. Il est très-haut cette année par deux motifs : le premier, que la guerre a produit beaucoup de nouveaux riches qui ne demandent plus qu'à s'illustrer; le second, que plus la corruption devient générale, plus on trouve d'avantages à être membre du parlement; et qu'ainsi on ne risque rien en achetant fort cher un objet dont on est sûr de tirer bon parti.

Nos faiseurs de constitution vont dire que la constitution anglaise auroit dû arranger tout cela; mais la constitution anglaise a arrangé fort peu de choses : on peut assurer qu'elle n'est qu'un recueil de concessions arrachées par des esclaves mécontens à des maîtres foibles, fous ou tyrans; et il n'y a pas là de quoi se vanter beaucoup. La constitution anglaise n'a pas empêché trois ou quatre révolutions, puisqu'on prétend qu'elle existoit avant Charles Ier; d'où l'on conclura qu'une constitution ne met pas toujours à l'abri des événemens politiques. Les Anglais ont eu long-temps mieux qu'une constitution; ils ont eu un excellent esprit public qu'ils ne devoient qu'à eux, et l'admiration de l'Europe qu'ils n'ont due qu'à nous. L'esprit public s'y perd, l'admiration de l'Europe nous est revenue ; et, pour tracer d'un mot la position actuelle des Anglais et des Français, je dirai : Qu'au dehors comme dans l'intérieur, la France a retrouvé son équilibre, et que l'Angleterre cherche le sien.

Si les conditions pour être électeur varient suivant les localités, du moins, dira-t-on, il y a égalité dans le droit qu'ont les comtés pour députer au parlement ; autrement l'Angleterre ne seroit pas représentée.

En ce cas, affirmez que l'Angleterre n'est pas représentée. Il y a des villes considérables qui ne députent pas, et qui sont bien loin de s'en plaindre. Malgré l'ambition naturelle à tous les hommes, jamais on n'a vu ces villes réclamer pour obtenir le droit de coopérer à la représentation nationale. Elevées par le commerce, elles ne redoutent rien tant que d'être livrées au trouble, aux vices, à la paresse qui naissent des élections. Mais si on n'a jamais entendu ces villes, d'une grande richesse et d'une nombreuse population, réclamer pour avoir droit de députer au parlement, en récompense on a vu des villes présenter des pétitions pour être exemptées de ce droit. Un pareil rapprochement en dit plus que toutes les phrases.

Les comtés d'Angleterre nomment deux députés au parlement; les comtés d'Ecosse et de Galles n'en nomment qu'un; car l'Angleterre n'a *jamais* partagé franchement avec les pays qu'elle a réunis à elle; et c'est *une* des causes qui fait qu'en dépit de toutes les réunions, il n'y a pas amitié entre elle et les peuples réunis. Aussi lorsqu'on parle de la beauté, de la richesse, de la propreté, des routes de l'Angleterre, n'allez pas vous imaginer qu'il est question des trois Royaumes. Ceux qui ne vont qu'à Londres et dans les environs (sauf l'ennui) trouvent tout superbe; qu'ils s'éloignent, qu'ils se jettent dans les routes de traverse, et ils pourront apprécier ce pays. Si jamais un homme éloquent écrit l'histoire d'Irlande; si un nouveau Las Casas vient un jour plaider la cause des Indiens devant le tribunal de l'humanité, on apprendra enfin à connoître la philanthropie des Anglais. Quelle domination, grand dieu ! et quelle différence il y a entre un peuple qui fait des conquêtes par amour de la gloire, comme les Romains, dont le joug cependant n'étoit pas léger, et un peuple de marchands qui devient conquérant !

Les élections, inégales dans les comtés, si variées par les qualités exigées des électeurs, ne rencontrent sans doute pas d'obstacles nouveaux dans la conscience des hommes ; car, comment croire que les Anglais, si vantés pour leur tolérance par les philosophes français, aillent faire un tort politique à quelques-uns de leurs concitoyens de ce qui n'existe qu'entre la pensée de l'homme et la divinité ?

Eh bien ! les catholiques et les protestans dissidens sont exclus du droit de voter. Être catholique dans ce pays, c'est être beaucoup moins qu'un homme ; et voilà sans doute pourquoi nos philosophes du dix-huitième siècle ont tant admiré la tolérance d'un peuple qui permet toutes les religions, excepté celle dans laquelle ces mêmes philosophes avoient été élevés. Quelle grandeur il faut avoir dans la pensée, pour n'aimer ni son pays, ni sa religion, et pour mettre le siége de la tolérance, là positivement où l'intolérance exclut ceux qui n'ont pas voulu renoncer à la religion de leurs pères. Et remarquez que depuis l'époque où ces philosophes ont tant vanté la tolérance religieuse anglaise, on a vu le peuple de Londres, ameuté par un lord, se porter à tous les excès, et au moment de brûler la ville, parce qu'il étoit question au parlement d'adoucir le sort des catholiques. (1)

(1) Ce fut en 1780. Le lord Gordon se mit à la tête de la populace, dont le cri de ralliement étoit : *Point de pape*. Il n'étoit question du pape en aucune manière, mais on n'émeut pas la canaille sans s'adresser à ses passions. Plusieurs maisons furent démolies, d'autres entamées. Il n'y avoit pas de troupes à Londres, et il se passa trois jours avant qu'on se décidât à en faire avancer; on étoit alors, beaucoup plus qu'aujourd'hui, dans de faux principes de gouvernement. Heureusement, la populace mit aussi trois jours à délibérer sur le quartier de la ville qu'elle brûleroit de préférence. Déja elle se disposoit à couper les tuyaux qui fournissent de l'eau; déja elle marchoit sur la

On pourroit citer une autre preuve d'intolérance encore plus récente ; mais il faudroit nommer des hommes, et, quoiqu'il soit *libéral* en Angleterre de n'épargner personne dans les journaux, vous trouverez bon qu'un français n'imite pas cet exemple. Ceux qui voudront connoître la liberté de conscience, en Angleterre, n'ont qu'à lire le serment que prononce chaque membre du parlement avant de prendre séance ; et s'ils veulent comparer, non ce qui est maintenant en France, mais ce qui existoit avant la révolution, qu'ils se rappellent que M. Necker, protestant (1), fut premier ministre chez nous,

---

Banque, lorsque les troupes arrivèrent. Les membres qui se rendoient au parlement, étoient insultés ; on leur dictoit le vote qu'ils devoient émettre ; on exigeoit d'eux un serment que beaucoup eurent le courage de refuser ; les femmes mêmes ne furent pas à l'abri des insultes. A Londres, aujourd'hui encore, on ne parle pas sans effroi de ces journées malheureuses ; et les précautions prises depuis pour la sûreté des bâtimens de la Banque, en conservent le souvenir.

(1) Ce n'est pas que j'approuve l'entrée de M. Necker

à quelques formalités près. Qu'on cite, en Angleterre, un catholique qui ait pris une part directe aux affaires de gouvernement ou d'administration, depuis que la religion anglicane est devenue dominante et exclusive. Cependant, à entendre les philosophes du dix-huitième siècle, nous étions les fanatiques de l'Europe, et les Anglais étoient seuls tolérans par excellence. Aujourd'hui, nous avons un code religieux parfait; je dis plus : nous aurons une surveillance qui ne laissera pas arbitrairement introduire de nouvelles religions dans l'État, tandis qu'en Angleterre toutes les extravagances religieuses sont permises, sans que, pour cela, il y ait égalité politique en matière de religion; danger que le temps signalera. Ceux qui croient que la multiplicité des religions est indifférente dans un État, et qui citent la

---

au ministère. Je cite un fait, et voilà tout. Le plus grand tort de cet étranger, fut de n'avoir pas une seule ancienne idée française dans la tête : aussi, même après avoir été deux fois ministre en France, est-il resté grand admirateur du gouvernement anglais.

Hollande, sont des enfans qui ne savent pas à quelles causes tient l'esprit public, et par conséquent la conquête plus ou moins facile d'un peuple.

Comme le droit de voter dépend beaucoup des localités, il a fallu beaucoup de lois pour décider de la validité d'une élection contestée; et, dans tout ce fatras, il est si difficile que l'arbitraire ne se glisse pas, qu'on a vu la Chambre des Communes s'égarer jusqu'à déclarer inéligible un homme qui, depuis, a été ministre. Par une conséquence contraire, on a vu siéger au parlement des hommes contre les lois les plus positives; et ce qui est plus extraordinaire, on en cite qui ont délibéré pendant trois ans comme membres élus, sans l'avoir jamais été : leurs droits venoient simplement de la hardiesse qu'ils avoient eue de se glisser au milieu de la confusion. C'est donc toujours avec beaucoup d'arbitraire qu'on décide sur les élections contestées; et, au fait, il n'y a ni fortune, ni patience qui pourroient tenir aux formalités et aux dépenses nécessaires pour juger rigoureusement une élection contre laquelle la chicane et l'ambition appellent le secours de tant de lois bizarres et contradictoires.

Voilà des faits qu'aucun Anglais ne contestera ; car ils sont tous pris dans des discours adressés au Parlement, par des membres du Parlement : aussi, la nécessité d'une réforme parlementaire est-elle le grand cheval de bataille des jeunes gens qui veulent se faire un nom ; c'est par-là que M. Pitt a commencé : le champ est vaste. Si on demande pourquoi ce peuple, qu'on dit si *raisonnable*, et auquel on prête une constitution si *parfaite*, ne s'accorde pas pour une réforme parlementaire, nous répondrons que la canaille s'y opposeroit, parce que, de sa constitution qu'on lui a tant vantée, elle ne connoît que le profit qu'elle tire des élections.

Ici j'arrive naturellement à parler de cette incroyable corruption qui fait la base du gouvernement, et contre laquelle tant de lois se sont vainement élevées, parce qu'elle est dans le caractère mercantile de la nation ; mais avant de parler de cette corruption, je dois rendre justice à quelques hommes indépendans, qui, à la longue, ont en Angleterre comme par-tout une grande influence, et qui sont loin de desirer vivement une réforme parlementaire, par la raison que toute réforme opérée sous un gouvernement vigoureux, ne se fait qu'au profit du gouvernement, et que toute réforme entreprise sous un gouvernement foible, ouvre nécessairement la carrière des révolutions. Or, en Angleterre, un gouvernement vigoureux sera *toujours* contre la nation, parce que la nation est *toujours* en défiance contre l'ascendant du gouvernement, plus soigneux d'y cacher son pouvoir que de le signaler. Cela prouve que tout n'est pas pour le mieux, même dans les balances politiques, et que rien n'est plus rare que ce concours de circonstances qui engagent une nation toute entière à ne voir de sauveur que dans son chef, parce qu'effectivement tout est danger hors de lui.

Les élections, en Angleterre, peuvent se diviser en trois classes; celles qu'on achète, celles qu'on donne, et celles qu'on dispute avec de la réputation et de l'argent.

Les

Les élections qu'on achète sont en grand nombre ; on calcule que cent cinquante membres de la chambre des Communes y sont portés par l'ascendant de la propriété. Ceci a besoin d'être expliqué.

Des bourgs qui ont été considérables, et qui ne le sont plus, ont conservé le droit d'élire ; ces bourgs sont devenus la propriété de riches particuliers qui soignent assez les fermiers qui dépendent d'eux, pour disposer de leurs votes au moment des élections. Cela est si bien arrangé, qu'on n'a encore vu qu'un procès d'un seigneur contre des fermiers qui l'avoient trahi. Le seigneur qui les attaquoit pour d'anciennes redevances, a perdu : cela devoit être ; car les juges devinèrent facilement son motif.

Les propriétaires des bourgs ayant droit de nommer, vendent les élections, soit à des particuliers, soit à la Couronne. Il y a des courtiers qui s'entremêlent de ces sortes d'affaires ; et quand le commerce des Indes va bien, ces élections sont fort chères. Lorsqu'on vend aux particuliers, on ne tire d'eux que de l'argent ; lorsqu'on vend à la Couronne, on obtient la pairie et tous les avantages qui dépendent de la faveur : aussi vend-on de préférence à la Couronne. C'est ce qui a augmenté le nombre des pairs au point de faire craindre que tous ces grands seigneurs nouveaux, encore imbus de leur ancienne indépendance, ne portent la démocratie dans la chambre haute, le jour qu'ils seront dégagés de la reconnoissance qu'ils doivent au roi régnant.

Les élections que l'on donne, dépendent aussi de ces bourgs entièrement à la disposition des seigneurs. Il se trouve parmi eux, surtout parmi les pairs d'ancienne date, des hommes indépendans, ou du parti de l'opposition, qui, ne voulant pas vendre à des particuliers, ni donner de nouveaux soutiens au ministère, font élire des jeunes gens qui ont du talent ou qui en promettent; bien entendu que ces jeunes gens jurent une reconnaissance éternelle; bien entendu qu'ils débutent en effet en amans de la liberté, jusqu'au jour où ils s'ouvrent la porte du ministère, ou, faute de mieux, le cabinet des ministres.

Les élections qui se disputent à prix d'argent et de réputation, sont celles qui s'opèrent par une quantité trop grande d'électeurs, pour qu'il n'y ait pas diversité d'opinions ; aussi ne peut-on guères acheter les voix d'avance : on les prend au moment, et par tous les moyens possibles. Comme il y a deux cents lois qui défendent d'acheter et de vendre des voix, et que les Anglais respectent beaucoup la lettre de la loi, ils n'achètent ni ne vendent les voix directement. Un postulant vient chez moi, par exemple ; il trouve mon écritoire d'un goût parfait : il me la demande avec tant d'instance, que je ne puis la lui refuser. Le lendemain il m'envoie un présent ; rien n'est plus poli. La différence qui se trouve entre l'écritoire que j'ai cédée et le présent que j'ai reçu, fait positivement que j'ai donné ma voix sans la vendre. Si je suis paysan, je n'approche des élections qu'avec quelques volailles à la main ; car les volailles sont d'un prix fou près des élections. En général, à cette époque, la moindre denrée peut acquérir une valeur considérable. Pour les tavernes, elles prennent les couleurs des postulans qui les retiennent; y va boire et manger qui veut, suivant son opinion. On sait bien que faire boire des Anglais, ce n'est pas les corrompre; cela est si vrai, que j'ai vu des électeurs soûls auxquels on ôtoit la cocarde de ceux qui les avoient enivrés, et que l'on conduisoit par-dessous les bras, voter en faveur de gens dont on leur disoit le nom tout bas. Pour des voitures, n'est-il pas naturel de charier ceux qui veulent bien se déranger en notre faveur? Aussi avons-nous été cinq jours de suite, à Londres, sans fiacres, puisqu'ils étoient tous retenus par sir Francis Burdett, dont ils portoient la cocarde, et le nom imprimé en très-gros caractère.

Il faut voir, en ce moment, l'agitation de la canaille. Comme elle est fière, comme elle se croit souveraine, parce qu'elle boit gratis, et dit des injures pour de l'argent! Il y a eu quelques petites batailles cette année; il y en aura de plus grandes aux élections prochaines; car on peut prédire que l'esprit de faction ne s'éloigne de la France que pour retourner mieux nourri aux lieux qui l'ont vu naître. En rentrant en Angleterre, il ne fera que revenir au pays.

Ces élections contestées sont toujours onéreuses, et souvent ruineuses; elles ont enseveli beaucoup de familles. On cite une élection qui a coûté près de *douze cent mille francs* de notre monnoie, et qui a été manquée. Cette année, M. Mainwaring et ses amis auront dépensé une somme considérable, et sir Francis Burdett une plus forte encore, puisqu'il a triomphé. Cependant les places au parlement ne rapportent rien; mais c'est pour cela qu'on en tire tant de profit; chose si reconnue, qu'un ministre prétendoit connoître beaucoup de membres de la chambre des Communes, qu'il falloit payer, *même pour les faire voter suivant leur conscience*. Au reste, ces élections contestées sont celles qu'on envie le plus, parce qu'elles donnent de l'éclat; et c'est un bruit public à Londres que sir Francis Burdett, qui a tant disputé l'élection du comté de Middlesex, a deux bourgs à sa disposition. Vous avez vu M. Windham, qui a manqué la grande élection de

Norwick, se rabattre sur un petit bourg dont il étoit sûr.

Les femmes aussi se jettent parmi les élections; en pareille circonstance, on emploie ses filles, sa sœur, ses amies, son épouse; on fait ressource de tout. Qui ne connoît l'histoire de cette belle duchesse qui, en 1784, distribuoit publiquement des baisers aux bouchers et aux poissonniers de Westminster, pour gagner des voix à M. Fox; et cependant c'est une chose assez positive qu'un baiser à l'anglaise. Je voudrois bien savoir pourquoi certaines femmes se passionnent volontiers pour les hommes qui crient : *Liberté! liberté!* Mais je n'oserois faire cette question à une Anglaise; elle rougiroit.... de mon ignorance, et me demanderoit si je devine pourquoi les femmes de nos vigoureux révolutionnaires (je ne parle pas de ceux qui ne l'étoient qu'en esprit) se sont si constamment attachées au sort et aux pas de leurs maris. C'est une terrible chose que l'influence des passions.

Les membres de l'opposition sont persuadés que si les membres de la chambre des Communes étoient payés légalement, la corruption seroit moins grande ; c'est peu connoître les hommes ; ils auroient leur traitement de plus, et ne s'en vendroient pas moins : voilà tout le bien qui résulteroit de cette nouvelle charge pour l'état. La corruption n'est pas seulement dans le parlement.

Vous savez que les candidats se mettent eux-mêmes sur les rangs ; qu'ils écrivent, qu'ils promettent ce qui peut leur assurer des partisans ; vous savez aussi qu'ils font dire des sottises à leurs rivaux. J'ai vu, à l'élection de Westminster, l'amiral Gardner et M. Fox, assis sous une baraque dressée près de Covent-Garden ; ils saluoient humblement ceux qui venoient voter pour eux, adressoient de beaux discours à la canaille qui les applaudissoit ou les huoit, suivant qu'ils avoient pris leurs arrangemens d'avance. D'entendre huer un orateur, cela ne me faisoit aucune peine. Je me disois : Peut-être est-ce un désagrément attaché au métier ; mais un amiral, un homme qui s'est battu pour sa patrie, qui lui a sacrifié sa vie sans réserve, qui pouvoit la perdre dix fois, voilà ce que je ne supportois pas, et ce que supporte en riant un amiral anglais. Il peut à la fois braver l'ennemi, et sourire à des manans qui l'injurient; c'est un double courage que n'auroit pas un Français; mais aussi, quels Français seroient assez lâches pour insulter les chefs de leurs guerriers?

Comme il nous parvient ici des brochures dans lesquelles on vante la constitution anglaise, et dans lesquelles on nous l'offre encore pour modèle, peut-être cette lettre aura-t-elle quelqu'utilité. Que ceux qui ne savent sur l'Angleterre que le bien que les philosophes en ont dit, apprennent du moins ce qui est. Puissent tous les hommes de bon sens se persuader qu'entre deux nations, si le principe du gouvernement n'est pas le même, les institutions ne doivent pas être semblables; et que le principe du gouvernement n'étant pas le même, si les institutions étoient semblables, par la seule force des choses, elles auroient des résultats différens! Or, quel est le publiciste, digne de ce nom, qui osera soutenir que le principe du gouvernement de la France et de l'Angleterre puisse être le même ?

Dans tous les cas, que ceux qui sont si pressés prennent patience ; les Anglais qu'ils vantent tant, qu'ils offrent pour modèle, ont mis plus d'années à compléter ce qu'on appelle leur constitution, que nous n'avons gardé de semaines aucune des nôtres ; et si nous n'avons pas une grande chartre qui date du temps de Jean-Sans-Terre, c'est que, grace au caractère national, nous avons eu des rois, et non pas des tyrans.

P. S. Il n'est pas inutile d'esquisser l'histoire de l'Encyclopédie, de faire connoître les motifs des principaux faiseurs, et le jugement qu'ils portoient eux-mêmes de cet ouvrage prétendu immortel. Je me servirai encore de leur correspondance ; elle contient de quoi les faire condamner par la postérité : je dis plus, dans tout pays, elle suffiroit pour les faire condamner par les tribunaux.

Lettre de d'Alembert à Voltaire, pag. 49, tome 84, édition de Beaumarchais.

« Oui, sans doute, mon cher maître, l'Encyclopédie est devenue un ouvrage nécessaire, et se perfectionne à mesure qu'elle avance ; mais il est impossible de l'achever dans le maudit pays où nous sommes. Croiriez-vous qu'une satire atroce contre nous, qui se trouve dans une feuille périodique, a été envoyée de Versailles à l'auteur, avec ordre de l'imprimer, et qu'après avoir résisté autant qu'il a pu, il a enfin imprimé cette satire en l'adoucissant de son mieux. Ce qui en reste, après cet adoucissement, c'est que *nous formons une secte qui a juré la ruine de toute société, de tout gouvernement et de toute morale.* »

On voit que ces messieurs appeloient une satire, le jugement que le gouvernement portoit de leur ouvrage et de leurs principes. Comment la cour, dira-t-on, se contentoit-elle d'imprimer contre une secte qui avoit juré la ruine de toute société, de tout gouvernement, de toute morale ; accusation si bien justifiée par le temps, et dont les philosophes entr'eux ne se dissimuloient point la vérité, ainsi que je vais le prouver? Le gouvernement, ajoutera-t-on, ne pouvoit-il pas défendre l'ouvrage, et intimider les auteurs?

Lisons les réponses de Voltaire.

« Quand vous signifierez tous ensemble que vous ne travaillerez qu'avec l'assurance de la liberté honnête qu'il vous faut, et de la protection qu'on vous doit, il faudra bien qu'on en vienne à vous *prier* de ne pas priver la France d'un monument devenu nécessaire. »

« Madame de Pompadour *sembloit faite* pour protéger cet ouvrage; l'abbé de Bernis doit le chérir, s'il a le temps de le lire. »

« Je suis persuadé que trois mille souscripteurs vous redemanderont à grands cris, et que la voix publique sera votre protection. »

Cela étoit vrai. Les philosophes formoient un *parti*; ils avoient des protecteurs jusque dans l'intimité de Louis xv, qui les haïssoit et les craignoit; ils avoient des protecteurs dans le ministère, particulièrement M. de Choiseul et M. de Malsherbes, alors chargé de surveiller la librairie. Je ne nomme ce dernier, que parce qu'il est impossible de taire son nom révélé par les philosophes eux-mêmes dans leur correspondance. Ses vertus font oublier ses erreurs, et son ame étoit trop franche pour ne pas se laisser prendre aux piéges que lui tendoient ces adroits conjurés.

Ils avoient des protecteurs dans l'opinion publique, et de ces trois mille souscripteurs dont parle Voltaire, plus de deux mille huit cents étoient des hommes de nom et de fortune qui ont bien chèrement payé, dans leur personne ou dans leurs enfans, leur amour pour une secte qui les employoit contre les prêtres, afin de les perdre ensuite eux-mêmes plus facilement. La cour, trop foible pour punir, se contentoit de menacer de temps en temps, et s'abaissoit au niveau des écrivains qu'elle condamnoit, en faisant écrire contre eux.

Je passerai légérement sur les plaintes patriotiques de d'Alembert : « *Je suis aussi las de la France que de l'Encyclopédie. En vérité, cette France m'est bien odieuse.* »

Je passerai rapidement sur les exclamations de Voltaire : « *L'aventure de l'Encyclopédie est le comble de l'insolence et de la bêtise ; ce n'étoit pas en France qu'il falloit faire cet ouvrage.* » J'ai hâte d'arriver à l'aveu des intentions des grands faiseurs, et je vais citer leurs propres paroles.

Lettre de Voltaire à d'Alembert, p. 414, tome 84.

« Je suis tombé aujourd'hui sur l'article *Dictionnaire* en votre Encyclopédie. J'ai vu avec *horreur* ce que vous dites de Bayle : *Heureux s'il avoit plus respecté la religion et les mœurs !* ou quelque chose d'approchant. Vous devez faire pénitence toute votre vie de ces deux lignes. Que ces lignes soient baignées de vos larmes. Ah ! monstres ! ah ! tyrans des esprits ! quel despotisme affreux vous exercez, puisque vous avez contraint mon *frère* à parler ainsi de notre *père !* »

Réponse de d'Alembert.

« Vous me faites une querelle de Suisse que vous êtes, au sujet du Dictionnaire de Bayle. Premièrement, je n'ai point dit : *Heureux s'il eût respecté la religion et les mœurs!* Ma phrase est plus modeste; mais d'ailleurs qui ne sait que, *dans le maudit pays où nous écrivons*, ces sortes de phrases sont style de notaire, et ne servent que de passeports aux *vérités* que l'on veut établir d'ailleurs. Personne au monde n'y est trompé (1), et vous me cherchez là une mauvaise chicane. »

Les plaintes de l'un, les récriminations de l'autre, sont des aveux assez positifs. Voltaire est contristé de ce qu'on desire qu'un auteur ait plus respecté la religion et les *mœurs;* il veut qu'on fasse pénitence d'un souhait pareil; et d'Alembert s'empresse de lui répondre : Je ne pensois pas un mot de ce que j'ai dit; je trouve fort bon qu'on ne respecte ni la religion, ni les mœurs; vous le savez bien : pourquoi me cherchez-vous une querelle de Suisse?

Parlerai-je de la proposition faite aux philosophes, par l'impératrice de Russie

---

(1) Cela étoit malheureusement vrai. Ceux qui se vantent d'avoir fait la révolution ont trop d'amour-propre; ceux qui croient ne l'avoir pas faite parce qu'elle les a frappés, sont trop modestes.

de venir achever à Saint-Pétersbourg l'impression de l'Encyclopédie ? Des hommes légers diront : L'Encyclopédie n'étoit donc pas un ouvrage dangereux, puisque l'impératrice desiroit qu'on l'imprimât dans ses États ? Avant de répondre à ces hommes, je leur demanderai pourquoi tout le Nord (où brilloit la lumière, suivant les philosophes) a combattu la France révolutionnaire, tandis que le Midi (enseveli dans les ténèbres, suivant les mêmes philosophes) a été entraîné par notre révolution. Catherine et Frédéric étoient de profonds politiques ; Catherine surtout savoit fort bien qu'en Russie un imposteur, en prenant le nom d'un prince mort ou enfermé, pouvoit produire une révolution que des livres, et des livres français ne produiroient jamais. Chaque pays a ses chances malheureuses, qu'on pourroit calculer sur l'état de sa civilisation.

Si les philosophes avoient eu le courage d'accepter la proposition de l'impératrice, leur démarche eût humilié la France, tant les têtes étoient déja perdues à cette époque ; mais cette France dont on étoit las, qui étoit devenue bien odieuse, on ne pouvoit se résoudre à la quitter; on y faisoit du mal dont on jouissoit moment par moment, et ce n'étoit que dans son sein qu'on trouvoit des adorateurs enthousiastes. On connoissoit la foiblesse du gouvernement français, asservi par une fausse opinion publique; on connoissoit aussi la vigueur du gouvernement de Catherine; on s'en étoit plus d'une fois entretenu, et l'on aimoit mieux accorder des phrases, *style de notaire*, que de tout risquer.

Enfin, cette Encyclopédie pour laquelle on s'étoit attiré la haîne du gouvernement, sans pouvoir armer sa justice; ce monument immortel qui devoit éclairer les siècles futurs, qu'en pensèrent les philosophes eux-mêmes quand ils eurent livré le dernier volume?

D'Alembert apprend que Voltaire travaille à son *Dictionnaire philosophique;* cet ouvrage n'avoit pas encore de nom, et la secte n'en parloit que sous le titre d'Encyclopédie. Il écrit à Voltaire:

« Vous faites donc l'Encyclopédie à vous tout seul? Vous avez bien raison de dire qu'on qu'on a employé trop de Manœuvres à cet ouvrage, et qu'on y a mis trop de déclamations. En vérité, on est bien bon d'en avoir tant peur. C'est un habit d'*Arlequin*, où il y a quelques morceaux de bonne étoffe, et trop de *haillons*. » Tome 85, page 272.

Ainsi c'est pour faire un habit d'Arlequin, qu'on prend en haîne sa patrie, qu'on la dégrade aux yeux des étrangers, qu'on attaque la religion, les mœurs; qu'on brave les lois, et qu'on se déshonore à jamais aux yeux de la postérité. Si tout cela n'étoit pas imprimé, et que quelqu'un s'avisât de l'écrire, une clameur universelle s'éleveroit contre lui. Eh! bien, ce n'est pas la centième partie des aveux et des contradictions qu'on trouve dans cette correspondance.

Les chefs du parti philosophique étoient parvenus à se mettre publiquement de niveau avec tous les gouvernemens, et, dans leur intimité, ils se mettoient au-dessus. Ils prioient pour obtenir, et menaçoient quand ils n'obtenoient pas. La lettre suivante mérite d'être pesée dans chacune de ses expressions ; elle pourroit apprendre à ceux qui gouvernent, que s'il est de leur devoir et de leur intérêt de protéger les hommes-de-lettres, il est contre leur dignité de rivaliser avec eux d'esprit et de talent littéraire. Le grand génie politique du cardinal de Richelieu ne peut lui sauver le ridicule d'avoir voulu lutter avec Corneille.

D'Alembert à Voltaire, tom. 86, pag. 57.

« Mon cher maître, mon cher ami, je répondrai à ce que vous me mandez de *Catau*, (l'impératrice de Russie :)

Seigneur, s'il est ainsi, votre faveur est vaine.

« Je doutois fort, malgré toute l'éloquence de *Bertrand* (1), qu'il obtînt d'elle

---

(4) Nom que d'Alembert prenoit en écrivant à Voltaire, qui s'appeloit *Raton*, parce que *Bertrand*-d'Alembert mangeoit à Paris les marrons que *Raton*-Voltaire tiroit du feu à Ferney ; c'est-à-dire que l'un vantoit et distribuoit les libelles de l'autre, comme aujourd'hui le plus grand de tous les collaborateurs du *Journal de Paris*, vante le philosophe qui m'attaque dans le *Publiciste*, place son nom parmi les plus beaux noms dans la littérature, et, j'ose le dire, parmi le nom

la délivrance des rats qui se sont allés jeter, assez mal à propos, dans sa ratière. Les circonstances ne permettent peut-être pas que *Catau* leur donne la clef des champs, et Bertrand, tout philosophe qu'il est, est en même temps raisonnable ; mais il pouvoit au moins, et devoit même s'attendre à une réponse honnête et raisonnable, et non au *persiflage* que vous lui transcrivez. Voilà une nouvelle note à ajouter à *toutes celles que j'ai déja sur les Catau et compagnie*. Je ne sais de qui la philosophie a le plus à se plaindre en ce moment, ou de ses vils ennemis, ou de ses soi-disant protecteurs. Je sais du moins, et j'apprends tous les jours davantage, et à mon grand regret, qu'elle doit prendre pour sa devise, *ne t'attends qu'à toi seule* ; bien entendu que ceux qui la *persiflent* n'attendront non plus d'elle que la *justice* et la *vérité*. Quoi qu'il en soit, je desirerois au moins de la personne que vous appelez singulière, et qui pourroit mériter un plus beau nom si elle le vouloit, une ré-

---

de mes amis. Toujours la même tactique ; les temps seuls sont changés.

ponse quelconque, honnête ou non, philosophique ou impériale, grave si elle le veut, ou plaisante *si elle le peut.* »

La manie de l'esprit étoit telle, qu'on croyoit piquer une impératrice en lui refusant le talent de la plaisanterie. Malheur aux peuples qui seront gouvernés par des esprits plaisans!

Je ne cesserai de le répéter : le respect que les gouvernemens se doivent entr'eux, suffisoit pour empêcher l'impression et la circulation de lettres aussi insolentes; et, pourtant, tous les souverains ont souscrit pour cette édition, comme tous les nobles avoient souscrit pour l'Encyclopédie. L'Europe alors étoit déja gâtée par les libelles sortis des presses anglaises. Toutes ces folies nous paroissent inconcevables aujourd'hui. Tant mieux pour nous. Que l'on compare la conduite, le style et les prétentions des philosophes du dix-huitième siècle, avec la conduite, le style et la modestie des Écrivains du siècle de Louis XIV, et que les hommes de bonne foi décident.

OBSERVATIONS.

Ma sixième Lettre est la première qui a été attaquée; cela devoit être, puisqu'elle frappoit directement le reste du parti *encyclopédiste*. Que mes lecteurs se rassurent; je ne combats pas pour moi, mais pour la vérité; ainsi mon amour-propre ne me détournera pas de mon sujet.

Un journal me reproche à-la-fois de n'avoir rien vu en Angleterre, et de n'avoir rien dit sur les élections qui ne fût connu avant que je ne l'eusse écrit : le reproche est un peu contradictoire.

Pour justifier la vénalité des Anglais, il cite les Romains. Mais une nation qui a le véritable sentiment de l'honneur, peut blâmer chez les Romains ce qu'elle trouve honteux chez les Anglais. L'histoire romaine n'est qu'une suite de révolutions qui nous montrent le peuple passant de la monarchie au gouvernement aristocratique, du gouvernement aristocratique à la démocratie, de la démocratie à la plus épouvantable tyrannie, et enfin l'empire succombe faute de savoir se défendre. L'expérience a prouvé que s'il y a dans l'histoire de cette nation des époques admirables, il y en a aussi qu'il seroit ridicule d'admirer. Les Romains ne sont pas grands, parce que les suffrages se briguoient et se vendoient à Rome; ils ne sont pas grands, parce que les pères avoient droit de mort sur leurs enfans, ni parce que l'usure s'y pratiquoit sans honte, mais parce que leur politique extérieure ayant été au-dessus de la politique des nations voisines, ils apprirent, en conquérant l'Italie, qu'ils pouvoient aller jusqu'à la conquête du monde.

Le même journal dit que les Anglais me répondront que s'ils vendent leur liberté, c'est qu'ils en ont à revendre; et, delà, une distinction entre vendre son suffrage et vendre sa liberté. Quoique cette distinction ne soit pas très-positive, apparemment que j'avois pressenti qu'on pouvoit la faire, car ma lettre fait foi que je n'ai pas dit que les Anglais vendissent leur liberté. Je ne sais s'ils en ont à revendre; je n'ai jamais été dans la confidence des philosophes qui alloient en chercher en Angleterre, pour nous la faire payer si chèrement en France.

Ce journal ajoute que si je pouvois donner aux Anglais un projet de lois efficaces pour prévenir toute corruption dans les élections, il est persuadé que la Chambre des Communes voteroit, pour un tel service, une récompense nationale. Je ne sais comment la Chambre des Communes pourroit voter une récompense qui ne fût pas nationale; mais, dans ma lettre, j'ai observé que la vénalité n'est pas que dans le parlement, qu'elle est dans la nation entière; et il me semble qu'on ne m'a jamais vu parmi ceux qui, avec des projets, prétendent changer les nations. Dans ma lettre même, je me suis expliqué suffisamment sur le danger de vouloir réformer les habitudes d'un peuple, à coups de lois.

« Où est-elle donc cette anglomanie si
« redoutable, demande le journaliste? J'en
« vois bien encore quelques traces parmi
« nos jeunes élégans, vêtus comme des
« jockeis, montant des chevaux à l'anglaise

« avec des bottes anglaises, noircies de cire
« anglaise ; mais hors de-là, je ne vois
« qu'une guerre d'extermination déclarée
« contre tout ce qui vient de l'Angle-
« terre. »

L'homme qui ne voit l'anglomanie que dans la toilette de nos jeunes gens, est, à coup sûr, un vieillard qui a conservé ses habits et sa coiffure d'autrefois. Sans le connoître, je ferois son portrait. D'abord, nos jeunes gens peuvent porter différentes choses à l'anglaise, mais ce qu'ils portent est fabriqué en France; ensuite, il est très-certain que les Anglais ont plus de décence dans leur mise que nous n'en avons généralement. Jamais, en Angleterre, on ne se permet d'aller dîner en ville, botté, à moins que ce ne soit à la taverne; on ne se montre pas même aux grands spectacles sans toilette. Un mari, un père de famille qui rentre chez lui, quoiqu'il n'attende aucun étranger, s'habille avant de se mettre à table. Cette attention pour son intérieur s'étend sur les domestiques, toujours propres, toujours décemment vêtus, et surtout respectueux au-delà de tout ce qu'on peut dire. Telle simple que soit la mise des Anglais, notre toilette de la journée n'est que celle qu'ils adoptent pour le matin, et nous avons outré la simplicité que nous avons prise d'eux. Nous revenons à notre ancienne décence, non par imitation anglaise, mais parce que les Françaises exigent davantage des hommes qu'elles admettent dans leur société, depuis qu'elles la choisissent d'après leur goût, et non d'après les convenances politiques.

Quant à la guerre d'extermination contre tout ce qui vient d'Angleterre, je ne sais pas sur quoi elle s'exerce. Comme l'Intimé, dans les Plaideurs, observe qu'il vient beaucoup de chapons du Maine, je puis observer qu'il vient beaucoup d'Anglais de l'Angleterre; on n'en a encore exterminé aucun. Il vient aussi beaucoup de marchandises de ce pays; nos femmes s'en accommodent fort bien, faute de savoir le tort qu'elles font aux villes manufacturières de France, et parce qu'elles ne sont pas persuadées que c'est par économie que les Anglaises ne portent pas de soierie. L'air et le charbon de terre exigent des étoffes qui se blanchissent. On emploie mille ruses pour faire passer de notre côté des carrosses qui coûtent plus cher qu'en France, qui ne sont ni plus beaux, ni meilleurs, et on ne les extermine pas. Il est vrai que le Roi d'Espagne fait faire ses voitures à Paris; cela ne suffit pas pour prouver à quelques Français qu'on fait de superbes voitures à Paris. Pour les idées politiques anglaises, on ne les extermine pas non plus; mais on commence à les discuter. On sait d'ailleurs qu'elles ne viennent pas d'Angleterre tout nouvellement; on les croit enracinées dans quelques têtes un peu anciennes, et c'est pour cela que les jeunes gens en font peu de cas; les jeunes gens d'aujourd'hui sont plus Français que les philosophes du siècle passé. Ils ne parlent pas de *la* patrie; mais ils ont prouvé qu'ils aimoient *leur* patrie. (1)

---

(1) Nos politiques modernes ont poussé l'art des abstractions jusqu'à faire de la patrie une idée qui ne signifie rien, et qui conséquemment se prête à tout. Jamais on n'a entendu les grands orateurs de la révolu-

J'ai promis de mettre chaque article qui me réfute devant chaque lettre attaquée ; je ne l'ai pas fait pour le journal dont je viens de repousser quelques critiques, parce que ses critiques sont mêlées de beaucoup de choses qui n'ont pas rapport à mes lettres. Mais j'arrive à la *septième ;* c'est celle dont le Journal de Paris a *pulvérisé les assertions.* Je vais prouver combien sont orgueilleux de leur fausse science, les hommes qui ne savent, ne voient, ne croient rien que ce qui est dans les livres. J'espère démontrer

---

tion dire : Sauvons la France, sauvons *notre* patrie : c'étoit toujours *la* patrie qu'ils mettoient en avant. Dans *la* patrie n'étoient pas compris tous les citoyens, car une partie, et souvent la plus grande, étoit toujours proscrite ; ni les lois, car il étoit toujours question de les changer ; ni les propriétés, car on les attaquoit ; ni l'esprit de famille, car on le brisoit : *la* patrie, à force de devenir abstraite, ne renfermoit plus rien, et l'on n'en parloit plus sans que chacun se mît à trembler. Les militaires qui ont conservé beaucoup d'anciennes idées françaises, disent tout franchement : Nous nous sommes battus pour la gloire de *notre* patrie, et cela est si clair qu'on se représente aussitôt la France, nos armées, les ennemis, la bataille et la victoire.

positivement qu'il est absurde de comparer les institutions anglaises aux institutions françaises, et conséquemment qu'il est impossible de rendre commun aux deux nations ce qui ne conviendroit à aucune, si l'une et l'autre pouvoient s'en accommoder.

Il faut d'abord établir la question.

Article extrait du Journal de Paris.

« Les journaux de tous les sens et de tous les tons, déclarent aujourd'hui la guerre à des Lettres concernant l'Angleterre, qui ont été insérées dans les derniers numéros du Mercure. A vrai dire, parmi plusieurs choses agréables et spirituelles qu'on rencontre dans ces lettres, il en est beaucoup de très-inexactes ; et de ce genre sont malheureusement presque toutes les observations politiques. »

« Par exemple, l'auteur assure que c'est un préjugé de dire qu'en Angleterre il n'y a point de noblesse ; et il croit attaquer victorieusement ce prétendu préjugé, en disant qu'il y a en Angleterre des lords, des ladies, des baronnets, des chevaliers, des gentlemen, des écuyers. »

« Sans doute il y a des *titres* en Angleterre, mais il n'y a pas pour cela de *noblesse.* »

« Il n'y a pas de *noblesse*, parce que tous les hommes qui portent ces titres ne font pas corps, ne constituent pas un *ordre* de noblesse, ayant des délibérations à part d'un ou plusieurs autres ordres, et exerçant des droits de souveraineté. »

« Il n'y a pas de *noblesse*, parce qu'il n'y a point de privilége réservé à toutes les personnes ainsi qualifiées, ni pour la possession de certains emplois publics, ni pour le paiement des charges communes, ni pour le jugement de leurs procès ; et parce qu'il n'y a point de profession dérogeante pour un Anglais, puisque le frère d'un pair est marchand, et qu'entre des enfans d'un pair un seul peut être son successeur. »

« Il y a en Angleterre de petits droits *féodaux* attachés à certaines terres ; mais la *féodalité* n'est pas la *noblesse*. En France, les droits féodaux étoient possédés par des roturiers comme par les nobles. La féodalité est la noblesse des terres, et pas celle des personnes. »

« De ce que des titres usités dans une nation, ont une origine nobiliaire et féodale, on ne peut pas conclure que la noblesse y subsiste toujours, non plus que la féodalité. »

« Chez le peuple le plus démocratique il s'introduira des distinctions de noms, qui ne prouveront que la différence de considération attachée aux personnes. On dira *sieur*, *monsieur*, *monseigneur*. Il y a quarante ans, on disoit encore d'une *bourgeoise mariée*, mademoiselle. Il falloit être femme de condition pour avoir le *madame*. »

« La *pairie*, en Angleterre, n'est qu'une *magistrature* quelquefois *viagère*, quelquefois *héréditaire*. Lors même qu'elle est héréditaire, elle n'est pas le privilége de l'origine, mais de la successibilité. On ne fait pas de preuves de *noblesse* en Angleterre pour être pair; on n'en fait pour aucun ordre de chevalerie, pour aucune fonction. Il n'y a pas là de magistrature héraldique, comme autrefois en France; il n'y a donc pas de noblesse. »

« Voici ce qu'on lit dans le *Tableau de la Grande-Bretagne*, ouvrage très-exact, tome 2, page 192. »

« La pairie est la seule noblesse qu'il y « ait en Angleterre, et cette noblesse n'est « qu'une magistrature héréditaire dont se « trouve revêtu un chef de famille, mais « sans s'étendre sur tous les individus qui « en descendent. Tout ce qui n'est pas pair « est simple citoyen (communer); et le « fils aîné d'un pair, l'héritier de sa di- « gnité, n'est de son vivant, quel que soit « le titre que l'usage lui donne, qu'un ci- « toyen justiciable du même jury que les « personnes de la classe la plus inférieure « du peuple. Les pairs seuls forment un « ordre séparé dans l'état. Placés entre le « trône et le peuple, leur intérêt comme « leur devoir les obligent à défendre les « droits respectifs du peuple et du trône, « en formant une barrière qui les em- « pêche de franchir les limites de leurs « pouvoirs. Ils sont les soutiens du trône, « sa chute les écraseroit comme elle les « écrasa sous Charles 1er; ils sont les mo- « dérateurs de sa puissance; si elle sor-

« toit des bornes qui lui sont prescrites,
« bientôt ils ramperoient aux pieds d'un
« maître. La pairie est donc la pierre an-
« gulaire de la constitution ; sans elle le
« despotisme et la démocratie ne tarde-
« roient pas à se livrer la guerre, et l'An-
« gleterre courroit le risque de redevenir
« la proie d'un tyran ou d'une populace
« effrénée. »

« Cela est très-conforme à ce que dit Blackstone. »

« Il est assez plaisant d'entendre disserter dans le monde sur la constitution anglaise, d'après des lettres du *Mercure*, quand on a Blackstone, Montesquieu, De Lolme et Baert. »

Je ne placerai avant ma lettre qu'une seule réflexion. M. Baert (1), auteur du

(1) L'éloge de ce voyageur auquel il ne manque aucune des qualités qui font l'observateur parfait, arrivera à son tour ; mais je ne pouvois écrire son nom, et résister au besoin de faire connoître mon opinion sur son ouvrage. Si j'étois une seule fois en contradiction avec lui, je ne balancerois pas à me condamner, pour lui donner raison contre moi.

Tableau

Tableau de la Grande-Bretagne, cité par le Journal de Paris, après avoir parlé, pages 42, 43 et 44, tome 3, des comtes, des vicomtes, des marquis, des barons et des quatre ordres de chevaliers anglais, dit positivement, page 45 : *Ces dignités forment une sorte de* NOBLESSE *inférieure qui n'a aucune prérogative.* Ma lettre, à laquelle il m'est impossible de changer un mot, puisqu'elle est connue, va prouver si j'ai dit davantage. Les lecteurs s'apercevront bien, sans que je l'observe, que cette lettre n'a pas la prétention de discuter la constitution anglaise, et qu'elle est particulièrement destinée à faire connoître les mœurs.

LETTRE SEPTIÈME.

DANS ma dernière lettre sur les élections, je vous ai fait connoître la *Tolérance* religieuse anglaise, que nos philosophes nous ont si long-temps offerte pour modèle ; c'est aussi en Angleterre qu'ils ont retrouvé ce grand mot *Egalité*, jeté au milieu de nous pour nous livrer à toutes les horreurs des dissentions civiles, mot qu on a répété douze ans de suite, et qu'on répète encore aujourd'hui dans tant de circonstances différentes, que, moi, qui n'ai pas de plus grande prétention que de ne me point servir d'une expression sans en connoître la valeur, je n'ose jamais employer le mot *Egalité*. J'ai cent fois demandé ce qu'il signifioit; j'ai reçu cent réponses diverses en Angleterre comme en France. Ne pouvant trouver une définition dans la tête des hommes, je vais la chercher dans les lois et les usages des deux nations. Ce sera le sujet de cette lettre. Je vous observe qu'il n'entre pas dans mon projet de comparer ce qui existe en Angleterre à ce qui existe aujourd'hui en France, mais à ce qui existoit avant la révolution. J'aurois trop d'avantages en agissant autrement.

Avant de raisonner, je sens, et en cela je suis d'accord avec les métaphysiciens qui nous mènent à la réflexion par la sensation; or, en Angleterre, j'éprouvois un malaise insupportable dont voici la cause.

Dans ce pays, on est constamment froissé par deux prétentions contraires, la prétention à l'égalité, et la prétention aux distinctions aristocratiques ; et ce qui déconcerte le bon sens, c'est que ces deux prétentions contraires se trouvent presque toujours réunies dans les mêmes têtes, de sorte que vous ne rencontrez que de vains aristocrates qui prêchent l'égalité, quoique, fougueux démocrates, ils aspirent aux distinctions aristocratiques. Cela jette une grande bizarrerie dans les conversations, et un contraste singulier entre la manière d'être et celle de raisonner.

Je n'examinerai pas si, *dans tous les pays que la nature livre invinciblement au gouvernement d'un seul, élevé au-dessus de tous ceux qui gouvernent avec lui*, il est indispensable qu'il y ait dans l'État un corps distingué auquel on donnera le nom qu'on voudra, si on ne veut pas l'appeler noblesse ; mais ce que je puis affirmer, c'est que partout où ces distinctions ont été admises, il n'y a eu *qu'une* noblesse, et qu'en Angletererre il y en a *deux*. Cette observation incontestable donne déja un terrible démenti à l'égalité.

Il y a une noblesse dans l'État, celle des Pairs; c'est la seule qui soit bonne raisonnablement, parce qu'elle se lie à la politique, et qu'elle fait partie du gouvernement. Héréditaire elle-même, elle assure l'hérédité dans la maison régnante; or, en dépit de toutes les abstractions de notre assemblée constituante, je défie qu'on fixe l'hérédité de ceux qui gouvernent autrement que par de grands corps héréditaires; je dis plus, ces grands corps héréditaires sont si favorables à la stabilité, qu'avec leurs secours, on assureroit la perpétuité d'une république, si on pouvoit leur faire oublier qu'ils sont nés de la monarchie, ou si on parvenoit à les créer hors de la monarchie (1).

---

(1) Pour prouver mon assertion sur l'influence des corps héréditaires dans les pays où le gouvernement est héréditaire, j'observerai que tant que nous avons eu un gouvernement mobile, toutes les places ont été mobiles, et qu'aussitôt que beaucoup de places ont été données à vie, le gouvernement est devenu à vie. Indépendamment des qualités des hommes, il y a dans les choses un enchaînement dont l'esprit le plus péné-

Les pairs, en Angleterre, forment donc une noblesse, la seule qui soit vraie, la seule qui soit dans l'État; mais cette noblesse est trop resserrée pour exercer toute l'influence qu'on attendoit d'elle comme balance politique, et la nécessité autant que la vanité ont créé une autre noblesse qui n'est pas dans l'État, *elle n'est que dans la société*. Comme cette seconde noblesse ne repose *sur rien*, elle est, dans ses prétentions distinctives, d'une activité qui fatigue; aussi brise-t-elle l'esprit d'égalité plus que la vraie noblesse. (1)

En Angleterre, on trouve des *pairs*, des *ducs*, des *comtes*, des *marquis*, des *barons*, des *baronnets*, des *lords*, des *chevaliers*, des *écuyers*, des *gentlemen*; c'est déja plus de distinctions avouées qu'il n'y en avoit en France. Les femmes aussi ont des titres distinctifs en plus grande quantité qu'on n'en

---

trant n'aperçoit qu'une partie; le reste demeure dans le sein de la providence.

(1) Suis-je d'accord avec l'auteur du *Tableau de la Grande-Bretagne?* et mes assertions sont-elles *pulvérisées?*

a jamais reconnus dans notre patrie ; et, ce qui est surtout fort extraordinaire dans un pays où l'on peut mettre une corde au cou de celle qu'on a épousée, et la mener au marché pour la vendre, les femmes, en se mariant, conservent un titre supérieur à celui de leur époux, si elles tenoient ce titre de leur père ou d'un premier mari. Rien n'est plus contraire à cette maxime évangélique, morale et politique : *Femmes, soyez soumises à vos maris.* Comment une femme peut-elle être soumise à son mari, quand elle élève ses prétentions jusqu'à refuser son nom ? Comment une fille peut-elle voir un chef dans son époux, quand elle conserve un titre supérieur à celui de l'homme auquel elle confie son sort ? L'épouse du lord Witworth, nommé ambassadeur en France, s'appelle la duchesse Dorset, du nom de son premier époux ; et j'ai entendu appeler *milady*, la fille d'un pair, qui s'est mariée au fils d'un apothicaire. De règle, on ne peut lui refuser le titre de lady. En Allemagne, du moins on déroge, et cela est plus conséquent.

Ceux qui n'ont vu l'Angleterre qu'à

travers les livres de nos écrivains du dix-huitième siècle, diront : « Qu'importe tous ces titres! Puisqu'on nous a dit que l'égalité régnoit dans ce pays, c'est une preuve que personne n'attache d'importance à des distinctions peu faites pour un peuple philosophe. »

Que ces bonnes gens aillent vérifier le fait par eux-mêmes, et ils verront la moue qu'on leur fera, lorsqu'ils appelleront *monsieur* un homme qui veut qu'on l'appelle mylord (1). Qu'ils examinent les voitures sur les panneaux, ils y verront des armoiries d'une grandeur épouvantable; qu'ils examinent les voitures derrière, ils verront des grands laquais portant la canne, signe visible de la noblesse de leurs maîtres. Qu'ils jettent un regard sur les noms cloués à chaque porte, ils apprendront la qualité

(1) Les mots *monsieur* et *madame* étoient de vrais signes d'égalité en France; *dans l'usage ordinaire de la vie*, on ne les refusoit à personne, et on n'en donnoit d'autres à qui que ce soit. Le mot *madame* surtout étoit devenu général; il semble que les Français avoient deviné combien il est sage de mettre les femmes hors de toutes distinctions politiques.

du maître de la maison, et s'ils lèvent les yeux plus haut, ils apercevront, suspendus, des écussons qui leur indiqueront que, là, est mort un homme qui n'étoit pas l'égal des autres. Tout cela peut s'apprendre dans les rues. Qu'ils pénètrent dans l'intérieur des maisons; s'ils assistent à un bal, ils sauront qu'on ne danse que suivant sa qualité. A Bath même, où chacun paye également, ils apprendront que le plus grand talent d'un maître des cérémonies, est de placer, à une contre-danse, chaque femme suivant son rang. Ainsi deux jeunes personnes, liées de la plus tendre amitié, mais de naissance différente, ne pourront sauter l'une à côté de l'autre; l'étiquette ne le permet pas. Rien de semblable se voyoit-il en France? Oh! non; le peuple qui seul a perfectionné l'art de vivre en société, savoit qu'il faut bannir l'étiquette rigoureuse de tout endroit où l'on appelle le plaisir.

Mais le moment le plus curieux pour un observateur, est celui où l'on avertit que le souper est servi. Comme toutes les femmes se précipitent pour descendre dans la salle à manger, suivant leur qualité ! Qu'un homme auroit mauvaise grace à offrir sa main dans un instant aussi décisif ! et que les malheureuses émigrées se sont vues de fois heurtées par la même vanité qui les avoit entraînées hors de leur patrie !

Peut-être observera-t-on que le gouvernement ne reconnoît pas toutes ces distinctions, et qu'excepté pour les Pairs, la gazette de la Cour n'accorde jamais un titre sans annoncer en même temps qu'elle ne le donne que par *courtoisie*. Ainsi elle accorde et refuse le titre ; je suis de cet avis, et c'est ce qui m'a fait dire qu'il y a deux noblesses en Angleterre. Mais niera-t-on que le gouvernement n'ait de l'influence sur l'éducation publique ? Transportons-nous donc à l'université d'Oxford, et voyons si nous y trouverons cette égalité qui régnoit en France entre les jeunes gens suivant les mêmes études.

La première chose qui frappe un Français est cette classe d'écoliers auxquels on donne le nom de *Servitors* ; et qui effectivement gagnent leur nourriture et le droit de suivre les cours gratuits, en servant et les maîtres et les autres écoliers. Je ne connois rien de plus impolitique que cette manière de faire arriver, par la servitude, à une éducation libérale. On chercheroit vainement une pareille conception par tout autre part qu'en Angleterre. Eh! bon dieu, qu'est-ce donc qu'une bonne éducation, si son premier produit n'est pas une certaine grandeur, je dirois même une certaine indépendance dans la pensée? Passer sa jeunesse à servir, être flétri dans cet âge où l'imagination s'enflamme si aisément devant l'antiquité, acquérir des connoissances et s'humilier devant des camarades ignorans; ne sentir toute la force de son ame que pour mieux apprécier la bassesse de sa condition, voilà certainement ce qui doit former des hommes bien dangereux si les sciences acquises s'unissent en eux à la souplesse du caractère; ou des hommes plus dangereux encore, si, avec des talens et de la fierté, ils conservent le souvenir des humiliations de leur jeunesse. Que l'on compare à ces écoliers-valets tout ce que nous avions autrefois pour faciliter l'instruction des enfans nés de parens pauvres, et qu'on dise s'il existoit aucune différence entre nos boursiers et les autres pensionnaires. Vous savez que je ne veux pas me faire fort de ce qui existe aujourd'hui. Je ne prêche pas l'égalité; j'observe et je juge.

Je ne vous dirai rien des études qui se font à Oxford; nos philosophes n'ont pas osé les vanter; mais que les anglomanes cherchent pourquoi les Anglais, qui sont si réfléchis, n'ont pas une seule bonne méthode d'instruction dans aucun genre, tandis que nous autres Français, tant légers, nous avions, pour tout, des méthodes si parfaites auxquelles nous revenons avec raison.

La classe des *servitors*, à Oxford, est distinguée par la houpe de son bonnet, laquelle houpe est en *laine*; la houpe du bonnet des nobles est en *or*, et des ornemens en *soie* distinguent les gentlemen qui ne sont pas gentilshommes. Ainsi dans l'âge où les hommes ne sont encore rien par eux-mêmes, dans une position où la seule inégalité doit résulter de l'inégalité des talens, il y a des distinctions en Angleterre. Avant la révolution, nous ne nous vantions pas d'être égaux; mais, dans nos colléges, le seul privilége des nobles étoit d'être plus rossés que les autres, quand ils étoient plus fiers et moins forts que les bourgeois.

Pour mon compte personnel, j'aimerai l'égalité quand elle sera définie, ou les distinctions quand elles tiendront essentiellement au principe du gouvernement; mais je n'aimerai jamais l'inconséquence : or, en Angleterre, rien n'est plus marqué que l'inconséquence avec laquelle on tient à ses titres et à l'égalité. C'est en vertu de l'égalité qu'on reçoit des coups de poing sur les trottoirs, et en vertu des titres qu'on reçoit des brusqueries dans un salon. Ici l'égalité s'élève contre vous; là, une autre égalité s'élève au-dessus de vous. Dans la même maison, on s'informe si vous êtes riche, si vous êtes noble, si vous pensez libéralement, sans doute pour vous estimer de plus d'une manière. Parlez comme un partisan de l'égalité, on vous demande ce qu'étoient vos pères : parlez comme un partisan de l'aristocratie, on vous vante l'égalité. J'ai entendu des femmes qui se seroient fait tuer plutôt que de céder le pas à une femme d'un rang moindre que le leur, m'assurer qu'elles préféroient la société de madame Syddons, l'actrice tragique, à celle de beaucoup de ladies; car, quand on ne sait plus comment créer des distinctions pour exercer sa vanité, on appelle les mœurs à son secours, et on se fait moraliste pour se donner une supériorité de plus. Ce qui-vive continuel de l'amour-propre rend la société insupportable, ou plutôt s'oppose à l'esprit de société, et est une des causes de cette tristesse vague, qui, pour les Anglais, est devenue une maladie mortelle.

Croiriez-vous qu'il ne suffit pas d'être invité par le maître d'une maison, d'être dans le même salon, par le même motif qui fait que les autres y sont, pour avoir le droit de parler à une femme? Si on ne lui a pas été présenté directement, elle trouve choquant qu'on lui adresse la parole, et ne vous répond pas. Non-seulement cela est ridicule, mais cela est souverainement bête. N'est-il pas injurieux pour le maître ou la maîtresse d'une maison, qu'on puisse supposer qu'un homme invité en leur nom, ne soit pas d'une société assez honnête, ou de mœurs assez avouées, pour qu'on puisse causer avec lui ? Cependant, la supposition contraire est un usage anglais.

N'ayant rencontré l'égalité nulle part, je me suis informé, près de quelques hommes raisonnables, où elle étoit; ils m'ont répondu : *Devant la loi*, et n'ont pas manqué d'ajouter qu'il n'en étoit pas de même en France; car, pour blâmer la France, les hommes les plus raisonnables de l'Angleterre valent les philosophes français.

Avant d'approfondir cette question, n'oublions pas que nous avons trouvé en Angleterre deux noblesses, toutes les distinctions que peut entretenir la vanité, et point d'esprit de société.

En France, nous n'avions qu'une noblesse, et si nombreuse qu'elle étoit comme roturière; les talens et le besoin de plaisir combattoient avec succès contre la vanité, et, de l'aveu de l'Europe entière, nous étions le peuple par excellence pour l'esprit de société; c'est-à-dire pour l'art de tirer de la vie le parti le meilleur et le plus gai. Sous les rapports d'un usage continuel, l'égalité régnoit donc plus chez nous qu'en Angleterre. *Devant la loi*, les Anglais ont-ils des avantages que nous n'eussions pas ?

Les rois de France avoient le droit de faire grace, les rois d'Angleterre l'ont également. Les rois d'Angleterre n'exercent ce droit qu'après le jugement. Les rois de France l'exerçoient quelquefois avant, et cette différence naissoit naturellement des idées qui règnent dans notre patrie sur *l'honneur*. En Angleterre, on sauve l'homme; en France, on sauvoit l'honneur commun à toute la famille, ce qui arrive bien aussi en Angleterre, quoiqu'on ne le dise pas. On a plus d'une fois conseillé à des lords de voyager, et on leur en a donné des raisons positives; c'est le droit de faire grace avant le jugement, droit qu'un gouvernement peut toujours exercer, parce qu'il prouve sa surveillance et sa bonté. Qui s'éleveroit contre une pareille mesure, ne réfléchiroit pas qu'un peuple ne l'approuve qu'autant qu'une bonne éducation, plus facile aux riches qu'aux pauvres, rend chez les premiers plus rares ces crimes qui épouvantent la société. En effet, quand les mœurs, une certaine délicatesse de penser ne sont plus une garantie de la conduite des grands, l'usage de faire grace avant le jugement se perd, et le droit d'accorder cette grace blesse les nations; mais le droit en lui-même n'est ni bon, ni mauvais, il dépend des mœurs nationales; surtout, il ne blesse pas l'égalité, puisqu'il peut s'exercer pour tous.

Dans les temps de trouble, en Angleterre, on suspend la loi *d'habeas corpus*, et la liberté individuelle s'abaisse alors devant l'intérêt général. Mais, en France, excepté dans nos temps de trouble, la liberté individuelle couroit-elle aucun danger? S'il y avoit quelques priviléges de forme, les pairs anglais n'ont-ils pas aussi des priviléges de forme que n'ont pas les autres citoyens? Je sais bien qu'il y avoit des contradictions dans nos lois; n'en connoît-on pas dans les lois anglaises, même dans celles qui touchent de plus près au gouvernement? Par exemple, n'est-il pas contradictoire qu'il faille cinq pairs pour former

former un comité dans la Chambre haute, tandis que trois pairs suffisent pour que toute la Chambre assemblée puisse prendre les mesures les plus décisives ? Quel peuple ancien n'offre pas des bizarreries dans sa législation ! Et l'on étonneroit bien des Français, si on leur disoit qu'il y a en Angleterre une loi toujours subsistante qui défend aux journalistes de rendre compte des débats du Parlement.

En actes d'oppression, que pouvoit-on comparer en France, à la *presse* des matelots en Angleterre ? C'est là que l'arbitraire peut régner et règne sans permettre la moindre réclamation. A moins d'envoyer la justice sur mer, comme dans les Fourberies de Scapin, à quels tribunaux s'adresseroient les hommes bien étrangers à la marine, qu'on enlève lorsque la presse a lieu ? Cette presse même, pourquoi frappe-t-elle sur le peuple, et d'une manière si extraordinaire qu'on voit des villages entiers, sur le bord de la mer et de la Tamise, déserter, fuir, emportant ce qu'ils ont de plus précieux ; ou s'armer, placer des sentinelles, faire les dispositions nécessaires pour repousser la force par la force. Des pirates qui paroîtroient, ne produiroient pas un autre effet que les hommes et les bâtimens qui font la presse. Où est l'égalité dans cette mesure ?

Cette mesure est nécessaire, répondent les Anglais. Si cela étoit vrai, n'en faudroit-il pas conclure qu'une nation où la presse, c'est-à-dire *la guerre armée du gouvernement contre les gouvernés* devient nécessaire, est si loin de la civilisation, que c'est blesser les autres nations que de la lui offrir pour modèle ; et si la presse n'est pas nécessaire, si elle peut être suppléée par des lois qui appellent indistinctement tous les citoyens à la défense de la patrie, que faut-il penser de l'égalité qui règne là, où, contre le peuple, dans les universités, dans les fêtes, dans les salons, on ne rencontre qu'inégalité, sans compter celle qui, comme partout, existe entre les différens hommes qui participent au gouvernement ?

Vous voyez que pour juger entre l'Angleterre et la France, dans les prétentions à l'égalité politique et civile, je n'ai pas voulu me servir des avantages qu'à cet égard nous donnent nos lois nouvelles. Encore une fois, je ne prêche ni pour, ni contre l'égalité. Croyez que je ne vous ai pas tout dit; car si je vous avois assuré qu'on frappe plus ou moins fort à une porte, suivant sa qualité, vous auriez cru que je plaisantois.

Dans ce que je vous écrirai encore sur l'Angleterre, soyez persuadé que je ne blâme, que parce qu'on a trop vanté. La providence avoit séparé ce peuple de tous les autres, pour qu'il ne ressemblât qu'à lui-même. Vouloir l'imiter en tout ou en partie, est une absurdité politique. Pour moi, je ne reconnoîtrai un véritable esprit public en France, que quand je verrai repousser toutes mesures par cela seul qu'elles seront proposées comme une imitation anglaise. Nous avons quatorze siècles d'existence, notre langue est universelle, on nous reconnoît comme le peuple le plus sociable, d'où je conclus que si on ne veut pas nous donner du neuf en législation, au lieu de citer les lois des autres peuples, il faut fouiller dans nos anciennes lois. Je ne les connois pas toutes; mais, n'importe, je parie qu'on y trouvera tout ce qu'on voudra, excepté de l'anglomanie.

P. S. Si je voulois me servir de tous les avantages que donnent sur eux les écrivains qui disent d'une façon la veille, et d'une autre façon le lendemain, je rappellerois au *Journal de Paris* qu'il crioit, il n'y a pas long-temps, contre quelques hommes qui, dans leur intimité, se donnoient entr'eux des titres qui blessent l'égalité, parce qu'ils rappellent le régime féodal. C'étoit la vanité des hommes nouveaux se redressant contre la vanité des hommes anciens. Laissons ces combats petits; parlons de gloire, et il n'y aura qu'une opinion en France.

Si je voulois me moquer de l'autre collaborateur qui prétend connoître les usages de l'Angleterre, par les Anglais qui sont à Paris, je le prierois de demander à tous ceux qu'il rencontre, et qui portent un titre distinctif sans être de la Chambre des Pairs, je le prierois, dis-je, de leur demander s'ils se croient nobles. Leur réponse ne laissera plus de doute. J'imagine qu'on peut raisonnablement, sur ce point, accorder plus de confiance aux Anglais, qu'à un collaborateur du Journal de Paris. En Angleterre, j'ai toujours entendu dire : *La noblesse*, lorsqu'on parloit de cette classe de la société qui a des titres, sans, pour cela, avoir des priviléges.

Le collaborateur tombe dans l'erreur commune aux têtes étroites, en partant d'un point de comparaison (la noblesse française) pour prononcer sur la noblesse anglaise. D'après cette manière, les Patriciens, à Rome, ne pourroient être regardés comme nobles.

Mais je dois abandonner toutes les petites réfutations, et tâcher de m'élever à des considérations générales.

Pendant trop long-temps pour son bonheur, l'Angleterre, animée de cet esprit de chevalerie qui régnoit dans toute l'Europe, voulut augmenter sa puissance par des conquêtes sur le Continent ; l'expérience lui révéla enfin qu'une nation, renfermée dans une île, ne peut s'agrandir que par le commerce, et dès-lors l'esprit de chevalerie s'abaissa devant l'esprit de calcul.

La France, placée sur le Continent, entourée de nations guerrières comme elle, sentant toujours la possibilité de s'étendre par des conquêtes, devoit conserver plus long-temps l'esprit de chevalerie ; ainsi le *commerce* devint le premier principe de la prospérité anglaise, et la *gloire* resta le premier principe de la prospérité de la France.

Le *commerce* ne peut tomber en Angleterre, sans que ce pays n'éprouve un malaise général ; la France ne peut long-temps se séparer de ses idées de *gloire* sans perdre son estime, celle de l'Europe, et sans éprouver ce vague qui amène les révolutions.

Cette différence entre le premier principe de chaque gouvernement une fois établie, on apercevra tout d'un coup en quoi la noblesse anglaise diffère de l'ancienne noblesse française, et pourquoi celle-ci ne peut servir de point de comparaison pour juger l'autre.

Qu'en Angleterre, le fils d'un Pair ne déroge pas en devenant négociant, cela se conçoit très-bien ; car s'il y avoit, dans l'État, un corps qui fût, par ses principes, en opposition avec le premier principe de la prospérité de l'État, il faudroit que ce corps fût détruit, ou que l'État fût bouleversé. Cela est incontestable.

En France, où la noblesse étoit toute guerrière, parce que le premier principe de l'État étoit la gloire, on pouvoit, par une conséquence rigoureuse, regarder comme dérogeant tout noble qui se livroit au commerce. Les philosophes et les économistes qui nous opposoient toujours ce qu'on voyoit en Angleterre, ont donc puissamment contribué à égarer les Français. Si les idées de gloire n'eussent pas été assez généralement répandues dans la nation pour triompher des idées contraires que propageoit la philosophie, nous étions tous perdus. Cela est encore incontestable.

Examinons les différences qu'établit encore aujourd'hui l'opposition entre le premier principe de la prospérité des deux pays.

En Angleterre, l'armée n'est comptée pour rien; la marine est tout, parce que la marine s'unit au commerce, et que l'armée ne s'y rattache pas. L'armée a inspiré long-temps plus d'effroi intérieur que de confiance contre le danger d'une invasion, et les précautions furent multipliées pour confondre sans cesse les soldats avec les autres citoyens (1). Je pourrois citer quelques-uns de nos politiques modernes, qui vouloient aussi que la France n'eût pas d'armée! Tout le monde sait qu'en Angleterre on achète un grade dans un régiment, qu'on le vend, ce qu'on ne souffriroit pas dans la marine; rien n'est plus conséquent; mais peu de personnes savent que, dans ce pays où la partie administrative est généralement bien soignée, tout ce qui a rapport à l'administration financière de l'armée de terre reste dans un assez grand désordre. Commander un régiment anglais ou un régiment à la solde de l'Angleterre, c'est

---

(1) Il s'en faut bien que ces craintes et ces précautions soient les mêmes aujourd'hui, et le nombre des casernes nouvellement bâties prouve mon assertion. Tout change, et les philosophes ne parlent que de principes invariables. Je ne connois que leur obstination qui le soit.

avoir une fortune assurée. On va grandement tant que la guerre dure ; les comptes ne sont presque jamais terminés, et personne ne s'en plaint. Il y a des Français qui pourroient servir comme preuves, et d'autres comme témoins de la vérité de cette observation ; enfin, quand l'Angleterre craint, elle augmente sa marine pour protéger son commerce ; quand la France a des inquiétudes, elle augmente l'armée pour défendre ou agrandir son territoire. Les grades, dans les régimens français, ne se vendent pas ; ils sont donnés aux plus braves ; on n'a jamais acheté des compagnies, et il fut un temps où le droit d'en avoir n'étoit que le privilége de se ruiner au service de sa patrie. La partie administrative de nos armées est, de toutes les parties de l'administration, celle à laquelle on porte le plus de soins. Tout cela doit être.

Je le demande aux esprits sensés, est-on autorisé à établir des points de comparaisons où l'on ne trouve que des différences créées par la nature même des choses ? Et pourtant les philosophes du dix-huitième siècle, et le petit nombre qu'il eu reste au commencement du dix-neuvième siècle, ne font autre chose que de présenter des points de comparaisons toujours à notre désavantage, puisqu'ils sont en opposition avec le premier principe de la prospérité de notre patrie, conséquemment avec notre véritable intérêt, nos idées et nos usages. C'est ainsi qu'en nous promettant la liberté, ils nous ont donné révolutions sur révolutions; ils recommenceroient encore si on les laissoit faire, et ils s'appuieroient sur les *livres*.

J'ai dit, dans ma lettre, que la *nécessité* autant que la vanité contribuoit, en Angleterre, à soutenir la noblesse qui a des titres et point de priviléges; en cela, je suis d'accord avec les livres, et ce qui est plus, avec le bon sens.

Il est impossible que, dans une nation, il y ait constitutionnellement un chef de famille *noble dans l'État*, sans que toute ou du moins la plus grande partie de sa famille ne soit *distinguée dans la société*; et lorsqu'à cette distinction, qui dérive de la nature des choses, se joignent des *titres* qui rappellent les souvenirs de l'ancienne chevalerie, ou même, si l'on veut, de la féodalité, il en résulte une noblesse qui s'enfonce dans l'opinion de ceux qui se croient nobles, comme dans l'opinion de ceux qui n'ont pas la prétention de l'être; et alors cette noblesse est bien établie; je dirai davantage : elle l'est mieux que ne l'étoit notre noblesse avant la révolution, car elle se moquoit de ses titres et l'on se moquoit d'elle; tout cela assez philosophiquement.

Pourquoi le Roi, les Pairs, et sur-tout la nation qui se vante d'aimer l'égalité, ne s'élèvent-ils pas contre cette noblesse d'opinion? Pourquoi, au contraire, le roi la sanctionne-t-il en créant des nobles avec plus ou moins d'avantages pour eux et leur famille, ou pour eux sans leur famille? C'est que toute la nation anglaise (excepté quelques fous qui, comme nos philosophes, ne sont d'aucun pays réel) c'est que la nation anglaise a senti que les pairs, dont le nombre ne s'élève pas à trois cents, quoiqu'il augmente trop peut-être, ne suffisoient pas pour conserver, pour propager l'esprit qui les a créés, et qu'il falloit lui donner pour appui tous ceux dont la vanité étoit intéressée à le soutenir. Calcul très-sage, car on rencontre des pairs démocrates fort gourmandés dans la société par les nobles qui, suivant le Journal de Paris, ne sont pas nobles, qui effectivement ne le sont pas de l'aveu des lois positives, mais qui le sont de l'aveu d'une opinion publique juste, forte et jamais discutée.

Mais il est une raison plus décisive encore en faveur de cette noblesse d'opinion, et qui devoit échapper à ceux qui ne connoissent que ce qui est dans les livres. Ces hommes savans, qui n'ont produit que des ruines en parlant sans cesse d'élever des monumens éternels, s'imaginent que la constitution anglaise *a créé* la noblesse qui est dans l'État ; c'est une erreur. Cette noblesse politique tire son origine de la noblesse féodale et chevaleresque qui existoit, en Angleterre comme dans toute l'Europe, bien avant la constitution. Cette constitution n'a pas la prétention d'avoir créé les nobles ; elle les a seulement placés à des conditions. Elle a donné des priviléges à ceux auxquels elle imposoit des devoirs ;

elle a laissé leur origine, mais n'a accordé nulle distinction légale à ceux auxquels elle n'imposoit aucune obligation : rien n'est plus conforme à la raison en général et à la raison d'État. Les manœuvres qui abattent les institutions d'un peuple, qui le dépouillent de son antiquité dans la folle espérance d'en faire un peuple tout nouveau, ignorent que les constitutions ne *créent pas* (1), mais qu'elles *arrangent* ce qui est créé; et voilà pourquoi, quand on commence par tout détruire, tout en faisant constitution sur constitution, on ne rencontre que vague et anarchie. L'avenir d'un peuple ne peut jamais se séparer entièrement des siècles confondus avec son existence. Qu'a fait notre constitution actuelle?

---

(1) Je suis persuadé qu'avant quelques années, on ne voudra pas croire qu'au dix-huitième siècle il y a eu une nation [la Pologne] qui s'en alloit demandant par-tout une constitution à des philosophes qui ne l'avoient jamais visitée, et qui conséquemment ne pouvoient avoir la conviction de ses mœurs, de ses lois, de ses institutions, de ses défauts et de ses qualités; mais lorsqu'on ajoutera : Cette nation a fini d'exister, alors l'incrédulité cessera.

A-t-elle créé les hommes ? Non, elle les a placés. A-t-elle pu créer des institutions ? Non, c'est l'affaire du temps ; le législateur ne peut que les préparer. La plus belle de toutes, à l'envisager seulement dans ses rapports avec la politique, est incontestablement la Religion. Est-ce la constitution qui l'a créée ? Non, les lois l'ont simplement remise dans l'État, dont elle avoit été bannie par ceux qui, dans leur inconcevable délire, croyoient avoir dérobé à Dieu et au temps le pouvoir de créer. Le roi, en Angleterre, les rois, autrefois en France, ne parvenoient à faire des nobles qu'en jetant ceux qu'ils créoient au milieu de la noblesse faite par les siècles et l'opinion. Quand ils étoient illustres des services rendus à la nation par leur chef, comme les Richelieu, les Mazarin et tant d'autres, ils ajoutoient plus à la gloire du corps dont ils devenoient membres, qu'ils n'en recevoient d'éclat ; mais quand l'intrigue, la faveur et sur-tout l'argent augmentèrent le nombre des nouveaux nobles sans honte comme sans proportion, les anciens s'en ressentirent ; ils devinrent foibles de leur multiplication ;

inconvénient inévitable dans toute institution politique : pour la rendre nulle, il suffit presque toujours de multiplier le nombre de ceux qui la composent. En Angleterre, la chevalerie et la féodalité, modifiées par le commerce devenu premier principe de l'État, formèrent la Chambre des Pairs, qui, à son tour, garantit la durée de la noblesse qui n'est plus aujourd'hui que dans l'opinion. Et la preuve que liées dans le passé, elles le sont aussi dans l'avenir, c'est que si l'une des deux cessoit d'exister, l'autre périroit aussitôt. Tout cela n'est pas dans les *livres*, mais dans la nature des choses.

Parce que je cherche la vérité dans les faits, dans leur enchaînement, on me reproche de ne pas être savant; au moins n'ai-je pas la prétention de l'être, car je ne parle que de ce que je sais. Je n'aurois pas imprimé, comme certaine personne que je ne veux pas nommer, que César étoit devenu ambitieux en lisant les Vies de Plutarque; quand je n'aurois pas retenu que Plutarque étoit venu assez tard au monde pour écrire la vie de César, je serois resté convaincu que la conduite de ce Romain ne fut pas dirigée par des *livres*, mais par la situation politique de son pays qui n'avoit plus que le choix d'un maître, ainsi que l'expérience l'a prouvé. Au reste, comme il faut parler des livres, je demanderai au collaborateur du Journal de Paris quel est, des quatre auteurs avec lesquels il a *pulvérisé mes assertions*, celui qui a dit que la Chambre des Communes recevoit une partie de son éclat des fils de pairs qu'elle renferme dans son sein ? Il me semble que c'est convenir assez positivement que la *noblesse-politique* des chefs de la famille aide fortement à faire reconnoître, dans l'opinion publique, la *noblesse-sociale* du fils.

Nota. Un autre collaborateur avoit promis de réfuter, dans tous ses points, la lettre suivante. Depuis plus de vingt jours j'attends inutilement. Il y a des savans (dans les journaux) qui n'aiment pas que l'on consigne leur science dans les volumes, et j'avois averti que j'insérerois les réfutations devant mes lettres. On a cessé de les réfuter; mais, en récompense, on m'a attaqué

qué personnellement. On reviendra à mes lettres quand je ne voudrai et ne pourrai plus y répondre, et l'on tâchera encore de persuader que je me suis trompé sur l'Angleterre, pour faire croire que j'ai pu errer aussi sur la philosophie du dix-huitième siècle : tactique fausse, en ce qu'elle ne réussit qu'auprès de ceux qui sont volontiers de toutes les opinions. Et alors pourquoi faire tant de frais pour les gagner, puisqu'on ne les tient jamais ?

LETTRE HUITIÈME.

Si la civilisation, dans tout ce qui ne tient pas à la politique, est l'art de rendre la société douce, facile et aimable, les Anglais forment la nation la moins civilisée de l'Europe ; le peu de liant qu'on trouve dans leur caractère a trois causes principales ; 1°. la grande estime qu'ils ont pour l'argent ; 2°. l'ennui qu'ils éprouvent dans la société des femmes ; 3°. la préférence qu'ils se donnent comme nation, préférence qui va jusqu'à la manie.

Le prix qu'en Angleterre on met aux richesses, est tel, que pour annoncer qu'on estime un homme, on dit : il vaut beaucoup d'argent, et souvent on va jusqu'à préciser la somme; aussi, avant d'estimer un homme, montre-t-on toujours beaucoup de curiosité de savoir combien il possède.

Quand vous admirez quelque chose en Angleterre, on vous apprend toujours combien cela coûte ; si vous demandez le nom d'une belle femme, on vous répond par le compte de sa fortune, le prix de ses diamans. Autant les Français sont habiles pour faire tourner le luxe au profit de leurs plaisirs, autant les Anglais semblent prendre de soins pour le faire tourner au profit de leur vanité. Dans ce pays, on ne sait point encore que ce qui pare une femme doit servir à l'embellir, et non à la faire oublier ; mais l'esprit mercantille s'étend sur tout. Par exemple, vous pouvez accuser le roi d'être un tyran, les ministres d'être des fripons ; vous pouvez vous jouer de l'honneur et de la considération de quiconque ne perd pas d'argent à être vilipendé ; mais si vous attaquiez le crédit d'un marchand ou d'une compagnie financière, tous les tribunaux seroient là pour vous condamner à des dommages et intérêts; c'est que, dans ce pays, on sait ce que vaut l'argent; on ignore ce que vaut l'honneur; c'est une idée française qui n'a jamais pu se glisser entièrement dans les moeurs anglaises. Aussi, lorsque les lois condamnent le séducteur d'une fille, elles ne font entrer pour rien, dans la compensation, l'honneur qu'elle a perdu : les dédommagemens roulent sur les services que son état ne lui a plus permis de rendre à son père, car c'est au père que les lois adjugent le dédommagement de l'honneur de la fille. Je ne sais quel ministre étranger disoit que la pauvreté étoit ridicule en France, vice par-tout, et crime en Angleterre; il disoit une grande vérité. Où la pauvreté est crime, l'argent est vertu.

Voici un exemple de vénalité fort remarquable. Le colonel Gréville devoit monter dans le ballon de Garnerin; il se laissa conseiller de n'en rien faire. Le colonel Pollen offrit, à Garnerin, cinquante louis de la place du colonel Gréville. Garnerin répondit qu'il ne pouvoit en disposer sans l'aveu de celui qui l'avoit retenue. Pendant ce temps, le capitaine Sowden achetoit la place deux cents louis au colonel Gréville, et de plus, s'engageoit à payer moitié de ce qui se trouvoit en moins dans la recette de la fête donnée au Ranelagh, moitié qui étoit à la charge du colonel Gréville, et qui monta à cinq cents louis. Ainsi, le colonel Gréville vendit sept cents louis une place dans le ballon de Garnerin. Lorsque je disois à des Anglais qu'en France on crieroit *haro* sur un colonel qui vendroit, à son profit, une place dans le ballon d'un physicien qui fait métier de risquer sa vie, on me rioit au nez, et la nation entière ne vit, dans un trafic pareil, que l'adresse du colonel Gréville : il n'y eut d'extraordinaire que mon étonnement.

Les sociétés littéraires et savantes, dans ce pays, ne se présentent que comme des compagnies de marchands. Sans aucun appui dans le gouvernement, elles sont réduites à faire ressource de leurs assemblées, de leurs travaux, de leurs collections, et c'est pour cela qu'on paye à la porte de tous les établissemens publics. Ainsi que je vous l'ai déja mandé, on paye pour voir l'exposition des tableaux. Comme on paye également pour voir l'hôpital de la Marine, à Greenwich, et qu'un écriteau annonce que les schellings donnés par les curieux sont destinés à l'éducation de 150 garçons, il en résulte que les élèves en peinture et les élèves de la marine sont à la charité des étrangers. Pour les élèves en peinture, soit; mais pour les élèves de la marine, j'avoue qu'en ma qualité de Français, je me faisois un cas de conscience de contribuer à leur éducation, et je ne me suis rassuré qu'en pensant que mon aumône étoit une humiliation pour la fierté anglaise. En France, Dieu merci, nous n'avons rien de pareil, et, sauf les barrières sur les routes, qui ne sont point de notre invention, nous ne tendons jamais, comme nation, la main aux étrangers. Je n'en suis pas moins fâché que les circonstances nous aient forcés à établir des barrières; cette imitation est contre le caractère national, contre la majesté de la France, qui, comme centre de l'Europe policée, devroit toujours rester ouverte, sans condition, aux habitans de l'Europe entière. (1)

Vous savez combien nos philosophes ont vanté les établissemens de charité soutenus par des souscriptions particulières; aussi les Anglais sont-ils fiers de leurs hôpitaux dans lesquels il entre tant de luxe, qu'on a dit avec raison que, dans ce pays, les pauvres étoient logés [à l'extérieur] comme des rois, et les rois comme des pauvres. Mais en France, combien la religion n'a-voit-elle pas formé d'établissemens de ce genre, que les philosophes ont pris plaisir à renverser? Nos colléges, nos hôpitaux n'étoient-ils pas aussi des fondations? Et l'on ne connoissoit pas, en France, cette taxe des pauvres toujours croissante en An-

---

(1) Il y a, sur les barrières anglaises, un usage fort singulier. Comme le dimanche est, en Angleterre, un jour plus particulièrement consacré à l'ennui que les autres jours, et qu'on regarde sans doute comme un grand plaisir de voyager, le prix des barrières est double le dimanche; celles de Londres sont quadruples. Voyez jusqu'où va l'ardeur de la réforme, et combien l'esprit du fisc s'unit étroitement à la religion!

gleterre, et qui prouve, ou que les établissemens de charité entretenus par la vanité, sont plus apparens que nombreux, ou qu'il y a plus de pauvres que dans tout autre pays, puisque ces établissemens et cette taxe énorme n'empêchent pas qu'on n'y demande l'aumône. D'ailleurs, il n'est pas vrai que les principaux de ces établissemens soient soutenus uniquement par des contributions volontaires; ceux qui tiennent au militaire, à la marine, ont, comme partout et d'après l'exemple de la France, leurs premiers fonds faits par une retenue sur la solde des troupes en activité. C'est une très-belle chose que la charité; mais lorsqu'il faudra lui chercher un appui, croyez que la vanité restera toujours bien foible en comparaison de la religion; croyez aussi que les suicides, que la philosophie ne peut désavouer pour être son ouvrage, puisqu'elle les approuve et les conseille, céderont devant l'ascendant de la charité religieuse, si habile à chercher le malheur, à prévenir le désespoir. Les philosophes ne connoissent que le matériel de la charité; les hommes religieux en ont seuls connu l'esprit, et c'est à eux qu'il appartient d'arrêter le suicide poussé aujourd'hui à un excès vraiment effroyable.

Après la trop grande estime que les Anglais ont pour l'argent, je vous ai donné l'ennui qu'ils éprouvent dans la société des femmes comme une des causes du peu de liant du caractère national; cet ennui perce par-tout, et il suffiroit d'en citer pour preuve l'usage qui renvoie les dames à la fin du dîner. Mais quelques explications ne seront sans doute pas inutiles.

Les Anglais aiment à boire; beaucoup moins aujourd'hui, dit-on, qu'autrefois. Alors, comment étoit-ce donc autrefois? Ce que je puis assurer, c'est que l'ivresse est un état dont ils font un cas tout particulier; aussi y a-t-il à Londres un chimiste qui jouit d'une grande réputation, pour avoir trouvé le secret de procurer, avec un air composé, une ivresse complète et libertine. Les Anglais vont chez lui avaler de l'air pour avoir du plaisir, et les détails qu'ils donnent à cet égard, prouvent combien la société des femmes seroit gênante pour eux. En effet, c'est pour boire que les Anglais se séparent des femmes après dîner, et ils boivent surtout pour s'exciter à un genre de conversation dont un étranger est toujours surpris. Tant que les femmes sont à table, le respect le plus profond préside aux discours, ou, pour mieux dire, les discours se bornent à quelques phrases sans suite, sans intérêt et sans esprit. A peine les femmes sont-elles sorties, que la scène change, et vous n'entendez plus que des gros mots sans gaîté, et dont il est permis de s'offenser, parce que tout ce qui est dégoûtant répugne. Souvent à onze heures du soir on est encore autour de la même table, et, pendant ce temps, les femmes bâillent en haut dans un salon. Il n'est pas rare qu'un maître de maison, dont la femme a société priée, quitte sa compagnie pour aller à la taverne, boire, causer en toute liberté et jouer avec ses amis. La vie de salon est insupportable pour un Anglais; cependant il est remarquable qu'il s'y met plus à l'aise qu'on ne le fait dans aucun autre pays.

Comme le matin presque tous les hommes ont des affaires, et que le soir ils aiment la table et la taverne, les femmes sont réduites à vivre entre elles. Il n'est pas vrai cependant qu'elles soient plus sédentaires qu'en France; au contraire, elles sont toujours en visites, en course chez les marchands, aux exhibitions, car on met tout en exhibition à Londres, et ce sont les femmes qui vont tout voir pour de l'argent, non parce que cela les amuse, mais parce que c'est pour elles une occasion de sortir.

Et comment une Anglaise seroit-elle plus sédentaire qu'une Française? Une Française qui reste chez elle y trouve toujours une société aimable, pour peu qu'il lui plaise de tenir sa porte ouverte; tandis qu'une Anglaise ne reçoit jamais personne l'après-dîner, à moins qu'elle n'ait fait des invitations, et alors les invitations sont toujours nombreuses. C'est ce qui rend la vie de Londres si triste pour un étranger: lorsqu'il n'a pas d'invitation, et qu'il ne veut pas aller au spectacle, il ne sait comment passer sa soirée. Pas de promenade dans la ville, nulle maison ouverte, absolument aucune dissipation. Les femmes reçoivent le matin, mais jamais le soir, usage qui doit son origine à l'état d'ivresse dans lequel sont ordinairement plongés les Anglais à cette partie de la journée (1). Le goût que les femmes, dans ce pays, ont générale-

(1) Je ne sais si l'usage où sont les Anglaises de ne recevoir jamais aucun homme, pas même leurs parens, dans leur chambre à coucher, tient à la même cause; mais elles regardent cela comme une grande indécence. Etant à Bath, je m'égarai dans l'auberge où j'étois descendu, et j'entrai, sans mauvaise intention, dans une chambre où il y avoit deux femmes : l'une se mit à pousser des cris effroyables; l'autre accourut sur moi, et me jeta la porte au nez avec un mouvement de fureur. Une heure après, deux hommes boxèrent devant l'auberge; suivant l'usage, ils se mirent nus jusqu'à la ceinture, et, en se provoquant, ils faisoient saillir leurs nerfs pour indiquer leur vigueur. Tout le monde se porta aux fenêtres; les deux femmes, que j'avois tant effrayées, étoient aussi à la leur. Vous voyez que chaque pays a sa décence; un pareil spectacle feroit fuir des Françaises, quoiqu'elles reçoivent dans leur chambre à coucher. J'ai vu, au théâtre, une soubrette embrassée par trois hommes différens, dans le cours de deux scènes; et embrassée, en Angleterre, c'est lèvres sur lèvres avec un grand bruit : cela n'effarouche pas. En France, les hommes mêmes crieroient au scandale. Encore une fois, chaque pays a sa décence; mais la meilleure est celle qui ne va pas jusqu'à la brutalité.

ment pour l'exercice du cheval, prouve encore qu'elles sont moins sédentaires que les Françaises ; il est vrai que pour jouir de la société des hommes, du moins à la promenade, il faut qu'elles les suivent au grand galop ; autrement, serviteur.

La conversation, en Angleterre, n'a donc jamais cette grace, cette finesse que la présence des femmes excite nécessairement ; la politesse y est froide et ne va jamais jusqu'au desir de plaire. Les femmes sont repoussées d'abord par le respect, ensuite par la prudence ; car les Anglais, lorsqu'ils se remettent à table après le départ des dames, ressemblent un peu à ce savetier qui, voyant passer un homme ivre, disoit en soupirant : Voilà pourtant comme je serai dimanche. Les précautions sont poussées si loin à cet égard, qu'à la porte de toutes les grandes tavernes, il y a des chaises à porteur pour servir à qui de besoin.

Je ne peux vous exprimer combien le départ des dames, qui se fait solemnellement à un signal donné par la maîtresse de la maison, cause de peine à un étranger.

Les Anglaises sont timides ; mais lorsqu'on peut exciter assez leur confiance pour leur donner de l'assurance, on les trouve fort aimables, causant bien et sans prétention ; elles lisent beaucoup, non par ennui, mais pour s'instruire ; aussi lisent-elles avec fruit : elles sont remplies de bienveillance, et ont plus de gaîté dans l'esprit que dans le caractère, ce qui est loin de me paroître un défaut. L'usage qui les repousse de la société des hommes leur déplaît beaucoup ; mais elles souffrent plus encore d'un autre usage qui, pour être un peu effacé dans la haute société, n'y est pas moins sensible. Cet usage veut qu'en Angleterre, une femme soit moins regardée comme la compagne que comme la propriété de son mari ; aussi nos Françaises seroient-elles bien étonnées des réserves qu'une Anglaise met souvent dans son contrat de mariage ; en liant son sort à celui d'un homme, elle n'est occupée qu'à batailler en faveur de sa liberté, et ce n'est pas toujours la précaution inutile. Les Anglais ne sont point jaloux cependant ; leur défaut est de ne pas assez s'occuper des femmes dont la société les gêne, ce qui influe beaucoup sur le peu de liant qu'on remarque dans le caractère national.

La troisième remarque que j'ai faite roule sur ce que les Anglais se préfèrent à toutes les autres nations, et que cette préférence va jusqu'à la manie ; on pourroit dire jusqu'à l'insolence (1), ou, si l'on aime mieux, jusqu'à l'antipathie.

---

(1) Voici une preuve de cette insolence nationale, qui fera sentir combien les Français et les Anglais traitent différemment les étrangers. Arrivé à Douvres pour repasser en France, j'allai au bureau où se délivrent les permis-d'embarquer ; il y avoit beaucoup de monde, et, suivant l'usage, nous prîmes chacun notre rang. Au bout de trois quarts-d'heure, mon tour vint, ainsi que celui de plusieurs Français qui étoient avec moi ; mais avant de nous servir, le chef du bureau demanda s'il n'y avoit plus d'Anglais ; et comme il y en avoit, ils passèrent avant nous, quoiqu'arrivés plus tard. Je crus d'abord qu'il y avoit un registre différent pour chaque nation, et que le chef du bureau vouloit s'éviter la peine d'en changer ; mais il me fut facile de me convaincre que ces permis-d'embarquer se donnent sur des feuilles volantes dont on garde un double, et que conséquemment le : *il n'y a plus d'Anglais*, étoit un hommage que la nation se rend à elle-même.

Le Français, comme nation, ne connoît pas la haîne; cela tient à la facilité de ses mœurs et aux avantages de sa position qui ne lui laisse rien à envier. Chaque pays que la France réunit à elle, se confond promptement avec elle, parce que loin de refuser aucun de ses priviléges aux pays réunis, souvent elle leur en conserve de particuliers. C'est tout le contraire en Angleterre; elle reste jalouse, même de ce qui fait partie de sa puissance; aussi, malgré les réunions, elle n'aime pas les Écossais, déteste et méprise les Irlandais. C'est au point que des Irlandais richement établis à Londres, depuis dix ans, m'ont assuré ne re-

J'ai lu souvent, dans les journaux de Londres, des plaintes sur les peines que les Anglais se donnent à Paris pour faire mettre leurs passeports en règle; mais leur Alièn-Office n'est pas plus conciliante que notre préfecture de police, et elle est sale, incommode, petite, surtout longue dans ses expéditions; l'entrée ressemble au guichet d'une prison, et il faut attendre long-temps, debout dans des corridors noirs et étroits. Le bureau des passeports de la préfecture de police de Paris est grand jusqu'à la magnificence; on y attend assis, et chacun passe à son tour : s'il y avoit une préférence, elle seroit pour les étrangers.

cevoir jamais d'Anglais et n'aller jamais chez eux que pour affaires.

Les Français, comme nation et comme individus, ne sont point arrogans ; il n'y a peut-être qu'en France où le titre d'étranger soit un titre de recommandation et commande la bienveillance. Un étranger, chez nous, trouve tout le monde prêt à lui rendre tous ces légers services qui font le charme de la société. Manque-t-il aux usages? on en rit, mais avec lui ; on l'instruit sans prétention, parce qu'on n'attache aux usages que le prix qu'ils méritent. Parle-t-il français avec quelque difficulté? on l'aide, on lui sait bon gré de la peine qu'il a prise pour étudier une langue qui n'est pas la sienne. Pour peu qu'il séjourne en France, il passe de la société ouverte à tout le monde, à cette intimité qui n'est le privilége que de quelques-uns ; en un mot, *nous aimons les étrangers*.

En Angleterre, c'est tout le contraire. Un étranger s'aperçoit toujours qu'il est parmi des étrangers. Manque-t-il aux usages du pays? toutes les figures s'alongent ; on ne l'avertit pas, parce qu'on lui fait tout bas un crime d'ignorer la grande science des usages nationaux. Parle-t-il avec quelque difficulté ? manque-t-il seulement de porter l'accent juste comme il doit sonner ? Toutes les figures s'épanouissent de plaisir ; car la plus grande prétention de toute l'Angleterre est qu'un étranger ne puisse jamais bien parler anglais. Pour de l'intimité, il n'en obtiendra jamais ; on ne connoît pas dans ce pays le bonheur de la société intime ; en un mot, *les Anglais n'aiment pas les étrangers.* Ils sentent qu'ils sont jugés plus avantageusement de loin, comme le Français sent qu'il n'est jamais mieux apprécié que chez lui.

Ce sentiment qui fait qu'on préfère son pays à tous les autres, est aussi utile que respectable ; mais il ne faut pas faire abus, même des meilleures choses ; il ne faut pas sur-tout que cette préférence aille jusqu'au mépris pour les autres nations ; autrement on s'expose à en être traité avec sévérité lorsqu'on les visite, et les Anglais doivent être d'autant plus modestes à cet égard, qu'ils sont voyageurs par goût. Quoiqu'ils trouvent leur pays le plus beau du monde, ils aiment à en sortir ; je suis de leur avis : il n'y a rien de beau comme l'Angleterre, aussitôt qu'on en est dehors ; car la beauté du pays tient à l'humidité froide du climat, et nous préserve le ciel d'avoir des gazons et de la verdure à ce prix ! Les Anglais ont été gâtés en Europe, et sur-tout en France. Je sais qu'ils se plaignent d'y être moins bien accueillis qu'avant la révolution ; ils ont tort. Toute la différence est qu'ils y sont mieux jugés ; mais le titre d'étranger sera toujours un titre de recommandation dans notre patrie ; cela tient à nos mœurs. Il est vrai qu'avant la révolution, nous avions la bêtise de faire distinction entre les étrangers d'un pays et les étrangers d'un autre pays, et que maintenant nous avons le bon esprit de ne faire de distinctions qu'entre les individus. La chance reste aux plus aimables ; de quoi les Anglais se plaindroient-ils?

P. S. On peut rester à Londres fort longtemps sans parvenir à connoître combien les Anglaises cachent d'amabilité et d'instruction sous beaucoup de timidité. On ne juge les caractères réservés qu'en les amenant au ton de l'intimité, et, je l'ai déja dit, le bonheur de la société intime est peu connu en Angleterre. J'ai dû au hasard l'entrée de la seule maison où je pouvois en rencontrer.

Sur le bâtiment qui me conduisoit à Douvres, je liai conversation avec un étranger dont les discours me frappèrent; il est si rare de trouver des hommes qui causent bien, et particulièrement sur la situation de la France. Débarqué à Douvres, il eut la complaisance de venir, à mon auberge, me demander s'il pouvoit m'être utile à Londres, où il se rendoit à l'instant même, et comme j'avois oublié de remplir une formalité qui pouvoit m'arrêter, et qui cependant ne m'arrêta pas, il se chargea d'une lettre de moi, en me laissant son adresse. Je lui rendis visite, et sa maison me fut ouverte. Je voudrois pouvoir le nommer; mais il faut ménager la modestie de ceux qui passent leur vie à donner des conseils utiles, sans rien exiger pour eux, pas même de réputation.

M. H. . . . . habite depuis long-temps

l'Angleterre où il est marié. Le ciel, jaloux de son bonheur, lui a donné pour femme une Anglaise qui aime sa patrie de tout son cœur, mais qui vouloit être la compagne et non la propriété de son mari. Ne voyant le grand monde que par l'impossibilité de lui échapper, elle a su réunir, dans sa maison, une société où l'on aime les arts sans enthousiasme, et où les causeries sont charmantes parce qu'elles sont sans contrainte et sans prétention. Amie sincère et dévouée, toujours prête à obliger les malheureux, ayant cette gaîté égale que donne un bonheur qu'on ne doit qu'à ses vertus, se consolant de n'être pas mère en en remplissant tous les devoirs par bonté, oubliant qu'elle a de l'esprit pour faire valoir celui des autres, il est impossible d'attacher davantage en faisant moins de frais pour y parvenir. C'est chez elle que j'ai pu juger les Anglaises, non par elle, car j'ai entendu madame de Vis.... lui demander si elle parloit anglais, ce qui prouve que toutes ses manières rappellent les bonnes manières françaises, mais par les femmes admises dans son intimité. Le ton de la confiance étant celui de sa maison, on y apprend beaucoup sans se donner la peine d'observer.

Il est une autre société à Londres fort intéressante pour un étranger, c'est celle d'une classe d'hommes de loi dont nous n'avons pas l'équivalent en France, parce que cette classe est née de la situation politique de l'Angleterre. Profondément instruits de la législation de leur pays, alliés par les femmes à des familles qui leur ouvrent l'entrée de la Chambre des Communes, appelés dans certaines élections pour décider des contestations qui peuvent s'élever sur telles ou telles formalités, ils secouent la poussière des livres de jurisprudence, par un goût très-prononcé pour la littérature ancienne, pour celle anglaise, et pour la littérature française qu'ils connaissent et jugent bien. L'indépendance d'esprit, très-rare en Angleterre, ne l'est point parmi eux; c'est là que j'ai trouvé l'amour de la patrie, dégagé de toute prévention, et que j'ai entendu juger les hommes indépendamment de ce qu'ils possèdent, et de la réputation que leur fait le parti qu'ils servent ou qu'ils dominent. (1)

Je me rappelle qu'un après-dîner, dans une société composée de ces hommes estimables et aimables, on cherchoit quel auteur chaque nation pourroit produire pour donner une idée de son esprit, en renfermant ce mot dans sa vraie signification. *Michel Cervantes* comparoissoit pour l'Espagne; les Anglais rioient beaucoup d'être obligés de se faire représenter par un Irlandais, *Swift*, aussi bon plaisant que profond logicien; on vouloit donner à la France Voltaire pour représentant. Je demandai la préférence pour *Montesquieu*, à cause des Lettres Persannes, et, si l'on vouloit aller plus loin, pour Montesquieu, à cause

---

(1) Cet esprit de parti s'étend sur tout en Angleterre. Par exemple, les hommes de l'opposition disent que M. Pitt s'enivre; les ministériels jurent que cela n'est pas vrai; les indépendans avouent qu'il boit trop pour sa santé. Comme politique, les partitans de l'opposition refusent tout talent à ce ministre; les partisans du ministère ne lui en refusent aucun; les indépendans disent de lui: que s'il étoit chargé de sauver l'Europe, il n'a pas réussi; mais que s'il vouloit seulement sauver son pays, on n'a rien à lui reprocher.

de l'Esprit des Lois; je ne trouvai point d'opposition. Les Anglais aiment cet auteur comme s'il leur appartenoit ; il est vrai qu'il a bien saisi l'ensemble de leur législation ; mais comme il ne séparoit jamais les institutions et les lois du premier principe de la prospérité d'un État, il seroit bien étonné s'il pouvoit savoir que ceux qui le citent sans le comprendre, offrent à la France d'imiter ce qu'il n'approuvoit qu'en le jugeant par rapport à l'Angleterre.

Pour ne point perdre le fruit d'un voyage dans ce pays, quand on le fait uniquement pour s'instruire, il est nécessaire de s'ouvrir les maisons des banquiers étrangers, établis depuis long-temps à Londres. Dégagés de tout préjugé national, ils jugent bien, c'est-à-dire avec impartialité, et la société qu'ils réunissent étant toujours composée d'hommes de toutes les nations, on s'instruit plus avec eux dans quelques heures de conversation, qu'avec le secours de beaucoup de *livres*. Un livre vous donne ses idées, mais il ne répond pas aux vôtres ; les hommes éclairés par l'expérience ont donc, pour ceux qui cherchent la vérité, un grand avantage sur les livres, n'en déplaise aux politiques qui n'apprennent rien des vivans, parce qu'ils sont moins disposés à écouter, qu'à faire de longs et ennuyeux discours sur ce qu'ils croient avoir appris en lisant. Ceci soit dit sans penser au grand homme qui m'attaque.

Un autre journaliste que, par intérêt pour lui, je ne nommerai pas, me conseille de retourner en Angleterre fréquenter la bonne compagnie, pour savoir si, en effet, on y boit autant que je le dis. Je lui répondrai avec l'auteur du *Tableau de la Grande-Bretagne*, tome 4, page 177 :

« Cette habitude de boire beaucoup, qu'à peu d'exception près on retrouve dans la classe la plus *relevée*, comme chez le peuple, paroît tenir autant au climat qu'à l'usage et à l'exemple, au besoin impérieux de chasser la mélancolie, et de dissiper l'engourdissement qu'occasionne un air lourd, humide, épais. »

« Leur ivresse, dit-il même page, est en général froide, apathique, rarement querelleuse, et jamais gaie : les gens ivres s'en retournent paisiblement chez eux, sans qu'on fasse la moindre attention à leur état. »

Cela est vrai. Les hommes qui font la police la nuit, ne dérangent pas les gens ivres qui s'endorment sur les trottoirs. Un matin que je partois pour la campagne avant que les boutiques fussent ouvertes, et que j'avois une grande partie de Londres à traverser, je ne puis dire combien je rencontrai de ces malheureux, endormis la tête baignée dans l'excès de leur boisson; le jour, on les aperçoit composant le long des murs avec leur estomac, sans que personne y fasse attention. Si l'air humide, si la mélancolie habituelle des Anglais leur fait un besoin de boire, il faut avouer que ce besoin rempli n'est pas propre à diminuer leur humeur sombre. Le vin de Porto, dont on fait un usage général, est travaillé en Portugal avec de l'eau-de-vie de figues; on le travaille de nouveau en Angleterre avec de l'eau-de-vie de France, ce qu'il est facile de vérifier surtout en voyageant. A chaque auberge où l'on s'arrête, il suffit de jeter un verre de vin dans le feu; la promptitude avec laquelle il s'enflamme, prouve combien d'esprit il contient. On fabrique, à Londres, des vins entièrement faux, et qui n'en sont pas moins sujets à l'impôt. J'ignore avec quoi on compose l'immense quantité de bière qui se boit dans les trois royaumes; mais il est impossible qu'elle soit toute faite avec du grain. Si le besoin de chasser la tristesse les conduit à boire, c'est à la mauvaise qualité des boissons qu'il faut attribuer le genre d'ivresse des Anglais. Les gens assez riches pour noyer leur mélancolie dans des vins de France et de Madère, retrouvent de la vivacité, de la joie; mais il est bien triste de n'être quelquefois gai qu'à ce prix.

On a bataillé contre Montesquieu sur l'influence qu'il accorde au climat; mais c'est du climat que se forment en grande partie les habitudes; le proverbe dit que l'habitude est une seconde nature. Qui oseroit répondre que, dans l'état social, la première de toutes les natures ne soit l'habitude?

OBSERVATIONS.

De tous les livres qui ont pour but de faire connoître l'Angleterre, il n'en est qu'un qui soit parfait; c'est celui de M. *Baert* (1). Géographie, lois, finances, marine, commerce, agriculture, usages, mœurs, il contient tout, et je lui rends avec plaisir cette justice, que j'ai trouvé d'une exactitude poussée jusqu'au scrupule, toutes celles de ses observations que j'ai été à même de vérifier. Si cet auteur est celui que *le Journal de Paris* veut désigner, lorsqu'il parle des philosophes qui ont traité l'Angleterre plus sévèrement que moi, il se trompe beaucoup en rangeant parmi les sectateurs de la philosophie un homme respectable qui, d'une grande fortune, a sacrifié tout ce qu'on peut perdre sans regret, uniquement pour s'instruire et pour faire connoître la vérité.

---

(1) *Tableau de la Grande-Bretagne, de l'Irlande et des possessions anglaises dans les quatre parties du monde*, 4 vol. in-8°. de 500 pages, avec cartes et figures. Paris, chez Jansen, libraire, rue des Maçons, n°. 406, place de la Sorbonne.

M. *Baert* a, dans son portefeuille, des ouvrages sur plusieurs grandes nations aussi peu connues en France que l'est encore l'Angleterre, et comme il n'a épargné ni temps, ni fatigues, ni argent pour se procurer les renseignemens les plus précis, comme son nom lui ouvroit les hautes maisons, sans l'empêcher de visiter les habitations plus humbles, on peut compter sur l'exactitude de ses observations. Son *Tableau de la Grande-Bretagne* n'a pas eu jusqu'à présent tout le succès qu'il doit avoir, parce qu'il ne convient qu'à ceux qui étudient en lisant; et je ne hasarde rien en assurant qu'un mois n'est pas trop long pour l'étudier de manière à en tirer quelque profit. J'ignore s'il étoit possible de donner un autre plan à cet ouvrage; je le crois, et les volumineux appendices que l'auteur a été forcé d'ajouter à chaque tome, indiquent qu'il le retouchera à la seconde édition. Son travail étoit achevé avant 1789; il a voulu y joindre les observations nouvelles que la guerre et la révolution lui apportoient; sa scrupuleuse exactitude a nui à l'ensemble de son ouvrage, et peut-être au succès qu'il mérite, en repoussant les lecteurs qui veulent s'instruire sans effort, dans la supposition où cela seroit possible. Une table des matières fort bien faite, pare une partie de ces inconvéniens.

On demandera peut-être pourquoi, après un ouvrage que j'avoue parfait dans tous ses détails, j'ai écrit sur le même sujet. La réponse à cette question est dans mes lettres. M. Baert a envisagé l'Angleterre en elle-même; moi, j'ai attaqué l'anglomanie comme une des causes de la révolution, et comme étant d'un danger plus grand qu'on ne le croit pour la France. L'ouvrage de M. Baert n'a pas fait de bruit; on en a fait faire à mes lettres mille fois plus que je ne l'espérois. On m'a reproché de troubler le bon voisinage des deux gouvernemens, comme s'il étoit indispensable que la France fût asservie aux idées anglaises pour que la paix fût assurée. On n'a rien reproché à M. Baert, les philosophes qui ne le connoissent pas, ayant la folle prétention de le compter dans leurs rangs.

Ils ignorent que quelques phrases qui ne signifioient rien avant 1789, parce qu'elles étoient pour ainsi dire de forme, ne suffisent pas pour juger un homme en 1802. Je vois beaucoup de littérateurs estimables, qui n'ont pas un seul moment cessé de l'être, et qui sont tout effrayés de certains passages qui les frappent maintenant, pour la première fois, dans des ouvrages qu'ils ont fait imprimer il y a plus de douze ans. La manie philosophique asservissoit ceux mêmes qui croyoient en être exempts ; on la retrouve encore dans les principes de beaucoup de gens qui la combattent dans ses effets ; mais il n'y a que les *Manœuvres* des Encyclopédistes [expression de d'Alembert] qui persistent aujourd'hui dans leur système de corruption ; et comme ces Manœuvres sont sans talent, par conséquent sans mesure dans l'esprit, ils veulent renchérir sur ce que leurs maîtres assuroient être le dernier effort de l'esprit humain. Le ridicule de vouloir surpasser Voltaire en immoralité, Helvétius en matérialisme, Raynal en déclamations, et J. J. Rousseau en sophismes, ne peut se comparer qu'à la prétention du père Duchesne qui vouloit être à-la-fois plus populaire que Marat et plus sanguinaire que Robespierre.

Il n'est pas inutile d'opposer le *Tableau de la Grande-Bretagne* à ceux de nos journalistes qui, sans mauvaise intention, prétendent que, dans nos promenades, on distingue les Anglaises des Françaises, en ce que les premières sont toujours accompagnées de leurs enfans. En supposant l'observation juste, il étoit naturel de penser qu'une étrangère doit sans cesse s'entourer de sa jeune famille, faute de savoir à qui la confier lorsqu'elle s'éloigne d'un domicile qui n'est le sien que provisoirement; tandis qu'une Française, en sortant, peut laisser ses enfans loin d'elle, parce qu'elle a pris d'avance tous les arrangemens nécessaires pour s'assurer qu'ils sont bien. Mais on aime mieux faire entendre que les Françaises sont incapables de remplir leurs devoirs (1), et vanter l'amour maternel

(1) Depuis que les passions sont devenues à la mode, parce que les auteurs passionnés ont *brûlé* le papier, on ne peut reprocher aux Françaises que d'*idolâtrer* leurs enfans. On reviendra de cette extravagance

et filial d'une nation où ce double sentiment a bien moins d'empire qu'en France. Je cite M. Baert :

« On attache assez communément l'idée « de sentimens tendres au caractère des « Anglais, quoiqu'il n'y ait peut-être pas « de pays au monde où l'égoïsme, la qua- « lité la plus opposée, soit plus général. « Le sentiment y est tout dans les romans « ou dans la tête des femmes. On s'y sépare « tous les jours avec la plus grande indiffé- « rence, d'un père, d'un frère, d'un fils, d'un « époux qui part pour une longue absence, « pour des voyages dangereux, et dont on « parle avec un sang-froid révoltant ; on « y voit sans cesse des familles quitter, « sans en éprouver le moindre regret, leurs « proches, leurs amis, la société à laquelle

---

comme de bien d'autres ; on verra moins de femmes entourées d'enfans dans les spectacles, dans les fêtes, dans les promenades où l'on respire plus de poussière que d'air, et l'on ne détruira plus la santé de ceux auxquels on a donné la vie, à force de les *caresser*. Nous qui n'avons été qu'aimés, nous n'en sommes ni moins forts, ni moins heureux. Quelle espèce d'hommes la *passion* maternelle nous prépare !

« elles

« elles étoient habituées, le lieu qu'elles « habitoient, qu'elles avoient embelli, pour « aller vivre d'économie dans le Continent, « après avoir dérangé leur fortune, et « éviter à leur orgueil, l'humiliation de « baisser leur train aux yeux de leurs con- « citoyens. Un fils à sa majorité, une fille « même unique, lorsqu'elle se marie, y « souffre constamment que leur mère, sou- « vent dans un âge avancé, quitte sa mai- « son, le lieu où elle leur a donné nais- « sance, où elle a dirigé leur première « éducation, le train d'une fortune opu- « lente à laquelle elle étoit depuis long- « temps habituée, pour aller se retirer « avec un mince douaire dans une maison « solitaire, et y finir ses jours dans le dé- « laissement et l'ennui. »

« Je voulus me récrier un jour contre « cet usage général et barbare, au sein « d'une famille respectable et très-unie, « parmi des gens idolâtres de leurs enfans, « et mon étonnement y parut ridicule. »

Ces observations ne sont point exagérées. Je me rappellerai toujours d'une femme âgée qui, sans répit, me faisoit parler de la France, qui soupiroit du desir de passer sur le Continent, et qui me conta ensuite sa manière d'exister. La province l'ennuyoit, et elle avoit trouvé moyen de conserver voiture en vivant à la campagne, mais si près de Londres, qu'elle jouissoit en même temps des plaisirs de la ville. Effectivement, on la rencontroit partout. Dans sa conversation, elle me dit fort gaîment: « Il faut bien que je m'arrange à ma ma-« nière ; je n'ai plus d'enfans. — Ils sont « morts, répondis-je d'un air triste? — « Non, non, ils sont mariés. » Et elle continua à parler du même ton. Si je n'avois pas été averti par l'ouvrage de M. Baert, je l'avoue, je n'aurois rien compris à cette confidence.

« L'espèce d'indifférence que les gens de « la bourgéoisie ont pour leurs enfans, dit « le même auteur, se fait surtout sentir « dans les couvens de Flandre, où beau-« coup d'Anglais font élever les leur, mal-« gré la différence de religion et de ma-« nière d'être, parce que l'éducation est « peu chère, et où ils les envoient sou-« vent seuls, par les voitures publiques,

« sous la simple surveillance des conduc-
« teurs. »

En effet, il seroit bien extraordinaire que l'esprit de famille fût meilleur chez un peuple qui, par besoin et par habitude, est toujours prêt à mettre l'immensité des mers entre lui et les siens, que chez un peuple sédentaire comme le Français; il seroit bien extraordinaire que l'esprit de famille fût meilleur là où les lois permettent à la fille de fuir la maison de son père, pour disposer de sa main, que dans un pays où les lois secondent l'amour paternel en en prolongeant les droits; enfin, il seroit contre nature que dans la nation la plus expansive, la plus capable de sentimens généreux, les hommes eussent moins d'attachement pour leur famille, que dans un pays où l'égoïsme et la taciturnité conduisent presque toujours à l'isolement.

On m'avoit dit souvent que la *Clarisse* de Richardson n'avoit pas le même succès en Angleterre qu'en France; j'étois curieux de vérifier cette assertion, et je l'ai trouvée fondée. Mais je voulois savoir la cause de cette différence. Les uns blâmoient le style, d'autres parloient des longueurs de l'ouvrage ; une femme m'en donna une raison sans réplique. « C'est, me dit-elle, que « Richardson a peint des scènes de famille qui ne sont pas dans nos mœurs ; « il faut qu'elles se rapprochent davantage « des vôtres, puisque cet ouvrage plaît « tant en France. » Un homme n'auroit pas rencontré si juste.

CONCLUSION.

Si mes lecteurs ont oublié que ceux qui m'attaquent, ont pour but principal de défendre les erreurs du siècle des lumières, afin d'en prolonger les conséquences, ils trouveront extraordinaire qu'en France on ait tant crié contre des Lettres qui, en combattant l'anglomanie, vouloient montrer aux niveleurs et aux philosophes si scandalisés des contradictions qu'ils ont remarquées dans nos mœurs et dans nos lois, qu'il n'y a pas de nations anciennes où l'on ne trouve des contradictions pareilles, et que la plus grande de toutes les folies est de prétendre donner à un peuple l'uniformité de pensées, de sensations et d'intérêts qu'on ne rencontre jamais, même dans un seul individu. Les philosophes nous ont trompé sur l'Angleterre, et j'ai donné à leur conduite deux motifs : 1.° qu'ils plaçoient loin de nous de beaux tableaux qui manquent de vérité, afin de nous exalter par des illusions présentées comme possibles à réaliser ; et, en effet, notre révolution ne fut qu'une continuelle exaltation de toutes les fausses espérances : 2.° qu'on ne vante jamais un gouvernement étranger que par opposition au gouvernement sous lequel on est né.

Certainement, s'il existe un pays où les contradictions dans les lois et dans les mœurs soient multipliées au-delà de tout ce qu'on peut dire, c'est en Angleterre. Un écrivain de cette nation va nous apprendre pourquoi :

« Blackstone admire, dans la Constitu-
« tion Britannique, la combinaison des trois
« formes de gouvernement, et il en conclut
« qu'elle doit posséder toutes les *qualités*
« réunies de la monarchie, de l'aristocratie
« et de la démocratie. Comment ne voyoit-

« il pas que, sans rien changer à son rai« sonnement, on en pouvoit tirer une « conclusion diamétralement opposée, et « toute aussi légitime : savoir, que la Cons« titution Britannique devoit réunir tous « les *vices* particuliers à la démocratie, « l'aristocratie et la monarchie. » [*Bentham*, Traités de Législation.]

Rien, dans le monde, dont on puisse séparer les inconvéniens et les avantages. Cette vérité, qui prouve d'abord qu'il n'y a point de forme de gouvernement bonne ou mauvaise en elle-même, explique une partie des contradictions qui se trouvent nécessairement dans les lois et dans les mœurs anglaises, le mélange des trois espèces de gouvernement n'ayant pu s'opérer sans confusion. Pour expliquer l'autre partie des contradictions, il faut se rappeler sans cesse que les Anglais furent guerriers et chevaleresques avant de s'arrêter au commerce comme premier principe de la prospérité de leur pays, et que ce changement s'étant fait peu-à-peu, ils ont dû conserver beaucoup de souvenirs actifs de leur antiquité ; ainsi, avec l'amour de l'égalité, ils aiment les distinctions qui semblent devoir l'anéantir ; ainsi, chez eux, un Roi tout constitutionnel est servi à genoux, et conserve pour devise : *Dieu et mon Droit ;* ainsi encore ce Roi qui ne gouverne l'Angleterre qu'à des conditions, voit une compagnie de marchands établie à Londres, régner en despote sur une grande partie de l'Inde. Les Anglais feront-ils une nouvelle révolution pour réformer l'ouvrage du temps? S'ils n'avoient pas vu la nôtre, je ne répondrois de rien ; mais notre exemple leur a profité.

Qui pourroit énumérer tous les contrastes que l'on trouve chez eux? De l'économie par principe, un luxe désordonné par orgueil ; pas une bonne méthode d'instruction, une foule d'hommes *mieux* (1) instruits peut-être que dans tout autre pays ; du calme dans l'esprit, des manies incroyables ; un grand respect pour la religion, des sectes qui la déshonorent en séduisant la populace ; de la tolérance par raison, de l'intolérance par suite de fausses

---

(1) *Mieux* ne signifie pas *plus*.

mesures politiques; le besoin de la liberté, l'habitude de la vénalité; tous les moyens de bonheur, un ennui insurmontable et souvent mortel; une préférence exclusive pour leur pays, ne soupirant qu'après les voyages; un égoïsme avoué, des établissemens que la plus sainte humanité pouvoit seule former; de l'amour pour leur roi, de l'enthousiasme pour l'opposition; capables de reconnoissance, et applaudissant au fils du monarque lorsqu'il se range parmi les ennemis du ministère que son père a formé; réunissant l'amour de la gloire à l'esprit de calcul; et, pour dernier contraste, ne parlant que de la liberté du commerce en guerroyant contre celui de toutes les nations, et en conservant chez eux des corporations, des lois prohibitives et des compagnies privilégiées.

Les Anglais, comme tous les peuples, sont ce que leur position, les siècles et les événemens ont décidé qu'ils seroient. Pour leur ressembler, il faudroit deux choses impossibles, d'abord cesser d'être nous, ensuite devenir eux. Voilà cependant ce que les philosophes politiques nous ont proposé sérieusement. Imiterons-nous ce qu'il y a de bien en Angleterre, en laissant le mal qui s'y trouve ? Quand cela seroit praticable, ce qui est bien chez eux deviendroit mal chez nous, parce qu'il feroit contraste dans nos mœurs, dans nos habitudes, et que ces contrastes sont mortels pour les nations. Un peuple imitateur, est un peuple qui cesse de s'estimer dans son existence passée ; et toute nation qui perd l'idée de son antiquité, est nécessairement conduite, par le mépris d'elle-même, à subir tous les essais systématiques des novateurs.

Nous corrompons les Anglais en leur inspirant le goût de nos plaisirs, le besoin de nos jouissances (1), comme ils nous corrompent en nous fournissant des idées politiques, incompatibles avec notre situa-

(1) Cette assertion est d'une vérité épouvantable. Les plaisirs deviennent besoin pour la classe laborieuse ; Londres ne peut plus se passer de ses spectacles publics, même l'été ; la manie de jouer la comédie se glisse dans la haute société ; les timides Anglaises montent sur un théâtre ! Cette manie descendra bientôt de proche en proche. La campagne perd ses charmes ; les liaisons sans mariage deviennent communes ; les fêtes, leur prix, leur multiplicité,

tion et le premier principe de la prospérité de notre patrie. C'est chez eux que les philosophes ont trouvé de quoi éteindre ce sentiment qui nous faisoit mettre la considération bien au-dessus de la fortune ; c'est chez eux que les économistes ont trouvé que tout se réduisoit à une bonne administration, parce que cela est quelquefois vrai en Angleterre, et le paroît toujours, l'administration étant seule en évidence, tandis que le gouvernement se cache pour agir sans alarmer ; c'est chez eux enfin que les politiques du dix-huitième siècle ont cru trouver, dans les livres et dans les

---

mille et mille autres choses qui frappent et qu'on ne peut définir, annoncent un changement rapide dans les mœurs, dont naguères la pureté étoit tout ce qu'il falloit nous offrir pour exemple, parce qu'elle convient à toutes les nations. Encore faudroit-il avouer que la différence du climat en mettra toujours une réelle dans certaines actions des hommes ; là, ils combattront la nature ; ici, ils se reposeront davantage sur elle, par la même raison qui fait que les grands crimes sont exécutés avec plus de barbarie dans le Nord, et plus de cruauté dans le Midi. J'ai, en Angleterre, entendu attribuer cette différence à la législation.

choses, des principes et des faits indépendans des circonstances.

Je prendrai pour exemple l'*Opposition.*

Parce qu'il est incontestable que tout homme qui gouverne doit tendre au pouvoir arbitraire, s'il a en lui les qualités propres à gouverner, et qu'il doit encore y tendre par ceux qui agissent pour lui, s'il est incapable de gouverner lui-même, on a généralement senti le besoin d'une Opposition; mais les politiques modernes ont cru qu'ils pouvoient la *créer*, car leur grande erreur tient particulièrement à la folie de reconnoître, en l'homme, une puissance créatrice indépendante du temps et de ce qui existoit déja.

Je ne sais aucun pays où le gouvernement soit sans avoir contre lui une opposition réelle. En Turquie même, l'opposition est dans les anciennes coutumes tellement consacrées par la religion, que celui qui gouverne despotiquement ne pourroit cependant se permettre la millième partie de ce qu'osa la Convention. La raison est facile à trouver : lorsque la Convention régna, nous n'avions plus rien de notre existence passée, et conséquemment il nous étoit impossible de former une opposition. Sur quoi l'auroit-on appuyée? Sur la religion? elle étoit proscrite et motif suffisant de proscription; sur les mœurs? nous n'en reconnoissions plus; sur l'habitude? elle étoit regardée comme un crime; sur l'esprit de famille? il n'y avoit plus de familles; sur les lois? elles étoient toujours si nouvelles, que celles de la veille ne servoient plus pour le lendemain; sur les hommes?... Eh! oui, certainement; voilà toute la science des philosophes en politique. Ils ne devinoient pas qu'une opposition qui ne repose que sur les hommes, est tout matériellement la guerre civile érigée en principe constitutionnel. Y a-t-il eu autre chose pendant toute la révolution, sous toutes les espèces de constitution? Il falloit bien que les hommes opposans fussent culbutés, puisqu'on n'avoit laissé derrière eux rien qui pût les soutenir. Pourroit-il y avoir une opposition plus utile, plus solide aujourd'hui? Oui, parce que notre existence passée se lie plus à notre présent que dans aucun temps de la révolution; mais il nous faudra quelques années avant de perdre le souvenir de ce que nous avons vu, et, pour nous rendre opposans avec utilité, il faudra sur-tout qu'il n'y ait plus rien à créer ou à réparer, car l'opposition n'est possible et nationale qu'autant qu'elle conserve. Lorsqu'un gouvernement est nécessairement créateur et réparateur, il a besoin d'une force contre laquelle il seroit impolitique de s'opposer, et je prends le mot impolitique dans toutes les acceptions qu'il peut recevoir.

Je l'ai dit : il y a une opposition, même en Turquie ; elle se signale quelquefois par le meurtre de celui qui gouverne, et cela n'arrive pas qu'à Constantinople. Mais enfin il suffit d'être certain qu'il existe partout une opposition contre ceux qui gouvernent, pour être bien convaincu que la plus grande de toutes les folies est de vouloir en *créer* une ; car si on la crée autre qu'elle n'est, il y en aura deux. Après une révolution, il peut y en avoir trois, et mille si cette révolution a été toute philosophique. La politique consiste donc à *ar-*

ranger l'opposition (1), à la rendre légale pour deux motifs ; le premier, qu'elle ne soit pas dangereuse ; le second, qu'elle soit utile. Suivant les circonstances, le second motif devient le premier. Il n'y a de positif en politique générale, que de ne rien hasarder contre le principe de la prospérité de l'Etat, et conséquemment de ne jamais se passionner jusqu'à prétendre donner tout-à-coup des mœurs, des habitudes, des lois et des intérêts nouveaux à une nation.

Après avoir examiné l'Opposition sous un gouvernement despotique, il me sera permis de l'envisager sous un gouvernement modéré, sans être ce qu'on appelle

---

(1) Arranger l'Opposition, c'est-à-dire arranger les élémens existans dont elle peut se composer. Il n'y a que le grand homme qui m'attaque, dont l'esprit soit assez plaisant pour avoir essayé d'arranger l'opposition sur le papier, en déterminant, dans un article que je n'oublierai jamais, ce que l'opposition pouvoit se permettre, ce qu'elle ne devoit pas se permettre. C'est bien avec des phrases qu'on arrange les passions des hommes et les intérêts des nations !

constitutionnel, et je prendrai la France pour exemple.

Dans notre plus haute antiquité, on trouve beaucoup de liberté, parce qu'il y avoit beaucoup d'hommes puissans et un véritable amour de la gloire; par la même raison, on trouve aussi de grands troubles pour de grands intérêts. Nous voyons des rois n'être que les premiers entre leurs pairs; le plus étonnant de tous, Charlemagne, n'étoit certainement ni despote, ni philosophe, car il reconnoissoit une opposition, et il ne la cherchoit pas hors des habitudes nationales. Les grands seigneurs firent long-temps opposition; ils la firent souvent armée; c'étoit l'usage du temps.

Quand le cardinal de Richelieu qui aimoit le despotisme, parce qu'il en avoit besoin pour lui, et peut-être aussi pour le salut et la gloire de la France, quand le cardinal de Richelieu, dis-je, eut renversé l'opposition des grands seigneurs, on en vit *aussitôt* reparoître une plus serrée, plus forte, plus capable de se conduire, parce qu'elle étoit formée d'hommes liés par le même intérêt; on devine assez que je parle de l'opposition du Parlement. Cette opposition, quoique vigoureuse, fut ridicule pendant la guerre de la Fronde, parce que les idées de l'ancienne opposition se mêloient aux idées de la nouvelle, et qu'alors il y en avoit deux. Depuis cette époque, que l'on suive avec attention la conduite des Parlemens (1), et l'on sera bien convaincu qu'il y avoit là, et dans d'autres institutions, de quoi *arranger* une opposition légale, si la philosophie n'avoit pas eu la prétention d'en *créer* une, avec des principes pris dans les livres, des hommes pris au hasard, des hommes qui n'étoient liés par aucun intérêt, et qui ne pouvoient s'appuyer sur rien ; à moins

(1) Les politiques de l'autre siècle observeront que, sous Louis XIV, les parlemens ne s'opposèrent point, ou s'opposèrent très-peu ; c'est qu'en France, lorsque les idées de gloire dominent, comme l'Etat marche vers la prospérité, personne ne s'oppose ; l'instinct national l'emporte sur tous les intérêts particuliers ; et, je l'ai déja observé, cet instinct est si grand que, *seul*, il a été plus fort que toute la philosophie moderne.

qu'on

qu'on n'appelle quelque chose dix ou douze pages de papier imprimé.

Que l'on examine maintenant de quels élémens s'est formée l'opposition anglaise, on aura la certitude qu'elle a été *créée* par les passions et la raison qui veulent également qu'il y ait quelque chose dans l'Etat qui s'oppose au pouvoir arbitraire, et qu'elle a été *arrangée* sur les circonstances passées qui assuroient son pouvoir dans l'avenir. Plus ces circonstances s'effaceront, plus l'opposition deviendra foible; mais elle a souvent été utile, rarement dangereuse, parce qu'elle ne repose pas sur les hommes, mais sur des habitudes antiques et sur des intérêts nationaux.

Une opposition légale, ou une opposition hors des lois, voilà le seul choix qui reste aux hommes; mais il faut que cette opposition repose sur quelque chose, et, depuis notre révolution, l'opposition, en France, n'a pu s'appuyer que sur la révolution; c'est pourquoi nous l'avons repoussée de toute notre force et de tous nos vœux. Si la révolution avoit été la liberté, c'eût été un crime ou une bassesse de repousser l'opposition ; mais je le demande à tous les Français : la révolution étoit-elle la liberté ? étoit-il possible qu'elle nous donnât la liberté, après nous avoir ôté tous les moyens que, pour l'assurer, nous tenions de notre ancienne existence.

Et les hommes qui nous ont conduits au plus affreux esclavage, accusent d'aimer le despotisme les écrivains qui ont assez prouvé qu'ils le détestoient, en combattant contre lui, toujours à leurs risques et périls, et sans être liés au passé par aucun intérêt personnel. Quiconque eût aimé le despotisme, auroit eu de quoi se contenter en France pendant huit ans, et ceux qui l'aimoient en effet ne s'en sont pas gênés. Grand bien leur fasse aujourd'hui ! pourvû cependant qu'ils ne se donnent point comme des amis exclusifs de la liberté, car, si on les croyoit, ils prolongeroient dans l'avenir le mal qu'ils nous ont fait dans le passé.

L'opposition a tellement besoin d'être appuyée sur des habitudes nationales, qu'on ne peut songer, sans frémir, à ce que les Français seroient aujourd'hui, s'il avoit été possible qu'ils devinssent ce que les lois de la Convention vouloient qu'ils fussent. Qui s'est opposé aux grandes extravagances de la révolution par une force incalculable, quoique non sentie? nos habitudes. Qui rendoit les révolutionnaires si inconséquens? leurs habitudes et les pensées d'autrefois dont ils ne pouvoient jamais se séparer entièrement. Ils auroient été bien plus baroques encore sans les vieilles idees républicaines qu'ils avoient puisées, au collége, dans l'histoire grecque et romaine; aussi comme ils la citoient!

De l'Opposition imitée idéalement de l'Angleterre, et regardée comme une chose positive, il est résulté que les Français se sont imaginés que l'opposition à certaines mesures du gouvernement, devoit être une opposition constante au gouvernement, et qu'il falloit sans cesse être en défiance contre ceux qui gouvernent; moyen certain d'en faire des tyrans.

De la Liberté imitée idéalement de l'Angleterre, et regardée comme une chose positive, il est résulté que les Français se sont imaginés aussi que la liberté étoit incompatible avec une certaine latitude de pouvoir accordée à celui qui gouverne, latitude qui a plus de rapports qu'on ne croit avec l'étendue du territoire, et qui conséquemment peut être moindre en Angleterre qu'en France, sans que, pour cela, la France ait moins de liberté que l'Angleterre ; chacune en ayant tout ce qu'elle peut posséder, n'aura rien à desirer. Nous admirions autrefois le bonheur de la Suisse ; mais il ne nous venoit pas en tête de l'envier ; les philosophes savoient bien que les beaux-esprits ne trouvoient pas des adorateurs enthousiastes dans ce pays, et que les bavards n'étoient pas payés aux dépens de la fortune publique, chez un peuple plus heureux que riche.

Il y a dans le passé des Anglais beaucoup de souvenirs qui ont dû leur faire voir la liberté d'une toute autre manière que les Français ; cette différence existe bien plus encore des Romains à nous ; aussi toute comparaison est-elle fatigante pour les hommes qui ne séparent pas les effets de leurs causes, et c'est en politique qu'on peut dire véritablement : comparaison n'est pas raison.

L'examen que j'ai fait des élémens nécessaires pour former une Opposition, prouve, je crois, combien les politiques-anglomanes ont causé de mal à la France, en nous offrant l'opposition anglaise comme un fait positif et d'une application générale, tandis qu'elle n'est et ne pouvoit être que le résultat d'un enchaînement de circonstances. L'Angleterre, renfermée dans une île, presqu'à l'abri des attaques, n'étant pas nécessairement obligée de se mêler d'une manière active des affaires du Continent, laisse chez elle *dominer* l'administration ; et des partis se disputent l'honneur ou le profit de la diriger sans que le gouvernement en souffre assez pour se plaindre violemment. La différence seule de la position géographique de la France, exige que le gouvernement *domine*, et une opposition, comme l'opposition anglaise, lors même qu'elle ne voudroit que s'emparer de l'administration, seroit entraînée à agir contre le gouvernement, parce qu'étant le premier par la force des choses, on ne peut arriver à l'administration contre sa volonté, sans commencer par s'élever au-dessus de lui. Je prie tous les hommes qui cherchent la vérité, de peser cette dernière réflexion ; ils en concluront l'impossibilité d'enchaîner ceux qui gouvernent en France, et conséquemment la nécessité de nous faire un système de liberté tout autre que celui présenté par la révolution. Notre plus grand moyen est dans cette franchise, cette grandeur qui forment le caractère national. Si la combinaison des lois constitutionnelles nous rendoit défians, nous serions perdus.

Toutes les différences que j'ai remarquées entre l'opposition anglaise, et l'opposition possible en France, existent également pour telle institution, telle loi anglaise que l'on voudra appliquer à notre patrie ; elles existent aussi dans la manière d'envisager le commerce, l'agriculture, les moeurs et les usages (1). Et les philo-

(1) C'est parce que la philosophie a détruit jusqu'à nos usages, que, sans en ressentir le contraste, nous avons adopté beaucoup d'usages anglais. J'ai trouvé, en Angleterre, l'origine de plusieurs, et j'ai vu qu'ils étoient fondés. En France, c'est une bizarrerie de plus ;

sophes du dix-huitième siècle n'ont rien apperçu de cela ! Les Athéniens, les Spartiates, les Romains, les Chinois, les Anglais, la discipline militaire allemande, enfin jusqu'aux sauvages, ils ont mis tout en comparaison avec nous, et tout au-dessus de nous. Ils ont créé des principes, et ils ont détruit nos institutions ; leurs principes nous ont conduits à la tyrannie exercée par la classe la plus ignorante de

---

aujourd'hui on ne les compte pas. Les Françaises se font des modes puisées dans la plus haute antiquité, mais presque toujours avec des étoffes étrangères. Si elles pouvoient voir l'état de plusieurs de nos villes manufacturières, elles gémiroient des suites de leur légéreté ; si elles pouvoient réfléchir elles sentiroient le tort qu'elles font à la France, moins encore par leurs dépenses personnelles, qu'en accoutumant tout le Nord aux étoffes qui ont remplacé celles fabriquées chez nous. En attendant que les femmes réfléchissent, regarderoit-on comme tyrannique que, dans toutes les assemblées qui ont lieu chez les hommes en place [et dans presque toutes les villes où il y a préfecture, les hommes du gouvernement ont des assemblées très-courues], regarderoit-on, dis-je, comme tyrannique une étiquette qui, partant de Paris, aideroit la mode à ranimer les manufactures françaises ?

la nation ; et, parmi nos institutions, il y en avoit de si favorables à l'établissement de la liberté légale, de si favorables à l'action du gouvernement d'un grand peuple ! Il faut gémir, il faudroit se taire si l'on n'avoit l'espérance fondée que le gouvernement actuel, qui peut beaucoup parce qu'il a la force nécessaire pour essayer, et la prudence utile de ne pas livrer sa sûreté à l'incertitude des essais, nous rendra de notre existence passée tout ce qui est conciliable avec les effets accomplis de la révolution. Le seul bien réel que nous ait donné cette révolution, est une alliance nécessaire entre la nation et le gouvernement. Que des deux côtés cette alliance soit bien ménagée ; elle est, beaucoup plus que les lois, la garantie de notre avenir.

Je croyois avoir assez raison, comme Français, dans la cause que je défends, pour m'éviter d'entrer dans de plus grands détails. Un article du *Publiciste* vient de m'apprendre que j'ignorois toutes les contradictions que peut suggérer l'esprit de parti ; je n'en parlerois pas, si la discussion ne devoit me conduire à une grande vérité politique qui n'étoit pas destinée à cet ouvrage, entrepris presque malgré moi, et fait avec une promptitude que la multiplicité des attaques a rendue nécessaire. Ces messieurs ont décidé que je ne parois-sois pas appelé à jeter beaucoup de lumière sur les questions morales et politiques : il y a des critiques qui donnent de l'amour-propre, et des éloges qui donnent tant de courage, qu'il ne m'est pas permis de désespérer. Si nos physiciens avoient vu le chaos, la création du monde et le déluge, sans doute ils nous offriroient plus que des systêmes sur l'Univers. Nous avons vu la chûte d'un gouvernement respectable par son antiquité, et sous lequel la France a toujours été grandissant; nous avons vu le chaos, nous assistons à la création d'un véritable gouvernement en rapport avec les intérêts de notre patrie; quels moyens d'étude pour les écrivains dégagés de tout intérêt personnel, comme de tout préjugé ancien et nouveau! Heureux ceux qui n'ont pas fermé les yeux sur les événemens, pour ne les ouvrir que sur les livres!

Si mes antagonistes savoient le triomphe qu'ils m'ont procuré depuis que la discussion sur mes lettres a commencé, s'ils savoient combien de petits secrets honteux ils ont révélés, et jusqu'à quel point leurs flatteries paroîtront plates dorénavant, ils ne me le pardonneroient pas. Cependant ce n'est point ma faute. Je défendois la cause de la France; si cette cause est aussi la leur, pourquoi ont-ils adopté celle de l'anglomanie? Dans la supposition même où j'aurois un peu chargé mes descriptions, puisque mon intention étoit claire, ils devoient la respecter. Mais, je le jure, je n'ai rien dit qui ne fût vrai, et les deux passages que j'ai extraits du *Tableau de la Grande-Bretagne*, prouvent que l'on pouvoit aller plus loin que moi sans s'écarter de la vérité. Je n'ai jamais cru que l'erreur pût être utile en politique; j'ai toujours pensé que, dans la vie privée, le mensonge est au-dessous de la dignité de l'homme: mentir est avouer sa foiblesse (1); je n'ai rien

(1) Le *Journal de Paris* avoue sa foiblesse, car il ment en affirmant que j'appelle les philosophes *athées*;

écrit sur les Anglais qui ne fût exact, et si je n'ai pas fait d'eux un portrait superbe, c'est que cela n'étoit plus possible en France; on connoissoit le beau côté, j'ai esquissé l'autre; avant moi, M. Baert l'avoit peint. Que mon ouvrage inspire le desir d'étudier le sien, j'aurai eu doublement raison en écrivant.

Je vais citer l'article du *Publiciste*, sans autre soin que d'en écarter les sottises qui ne s'adressent qu'à moi, et en priant seulement mes lecteurs de peser attentivement la mal-adresse avec laquelle on a confondu les hommes et les sciences, pour n'en faire qu'un amalgame philosophique.

---

c'est une expression dont je ne me sers jamais. Le *Publiciste* avoue sa foiblesse, car il ment en retranchant les mots *du dix-huitième siècle* à la définition que j'ai donnée du terme philosophie. Si j'attaquois la philosophie en général, je combattrois dans le vague; en combattant la *philosophie du dix-huitième siècle*, j'attaque une chose précise, et malheureusement encore subsistante. Toujours mentir étoit l'usage des chefs de ce parti, et c'est dans ce cas qu'il est permis de dire : tels maîtres, tels valets.... au talent près cependant.

« Cette philosophie du dix-huitième siècle, dit le « *Publiciste*, a rendu plus populaires toutes les con« noissances utiles et tous les arts nécessaires; elle a « créé une chimie nouvelle, et a reculé au loin les « sciences physiques et naturelles; elle a inventé l'art « de naviguer dans les airs et sous les eaux; elle a « appris celui d'arracher un grand nombre d'hommes « à une mort apparente; elle a offert une multitude « de secours nouveaux pour le soulagement des in« nombrables maux qui affligent l'humanité; elle a « uni les peuples par des rapports plus intimes; elle « a épuré les mœurs nationales, perverties par l'hy« pocrisie qui avoit souillé la fin du règne de Louis XIV, « et plus encore par la licence effrontée de la régence. « Elle a introduit de meilleurs principes dans l'admi« nistration, la justice, le commerce et la finance; « elle a produit enfin Montesquieu, Voltaire, Buffon, « et beaucoup d'hommes d'un mérite supérieur, qui « ont enrichi la littérature et la science par des dé« couvertes importantes et utiles, ou par des produc« tions ingénieuses et intéressantes. Si le dix-neu« vième siècle opère de plus grandes choses, je dirai « encore que c'est parce qu'il a hérité de la philoso« phie du dix-huitième siècle, et qu'il a su mettre en « valeur son héritage. *La philosophie est la seule « bienfaitrice du monde*. Le degré d'influence qu'elle « exercera sur les gouvernemens, le degré de faveur « dont elle y jouira, sera partout le thermomètre le « plus sûr de la prospérité des nations. Partout où « on la verra rétrograder, là on verra rétrograder « en même temps l'industrie, la liberté et la *morale*

« *du peuple ;* mais cette calamité ne sera pas l'effet
« des phrases de quelques ignorans, ni des paragra-
« phes concertés de quelques hypocrites. Il faut des
« causes plus puissantes pour arrêter le progrès na-
« turel de l'esprit humain.

« Quant à ceux qui affectent de ne voir dans un
« philosophe qu'un homme ennemi de la religion, ils
« ne méritent pas qu'on leur réponde. Tout homme
« de *bon sens* doit voir que les plus dangereux enne-
« mis de la religion sont, *en ce moment*, les ennemis
« de la philosophie. »

Je ne sais quels hommes de bon sens pourront voir que les plus dangereux ennemis de la religion sont en ce moment les ennemis de la philosophie ; mais tant que nous n'aurons pas perdu la mémoire, il nous sera permis de croire que, dans le dix-huitième siècle, les chefs, les apôtres et les adeptes de la philosophie ont été les ennemis de la religion ; témoin la correspondance de Voltaire, de d'Alembert et autres ; témoins mille ouvrages que l'on pourroit citer ; témoin surtout la chûte momentanée de la religion, chûte à coup sûr impossible, si, quoiqu'incapables d'imiter les immortels écrivains du siècle de Louis XIV, les philosophes modernes, qui obtinrent une si grande influence sur les idées de leurs contemporains, eussent eu seulement dans l'esprit la conviction de l'utilité de la religion. Si les philosophes deviennent religieux dans le dix-neuvième siècle, ce ne sera pas du moins en mettant en valeur l'héritage de leurs maîtres. Au reste, on a pu s'appercevoir combien, même en attaquant la philosophie, j'ai peu parlé de la religion. Qu'aurois-je dit, lorsqu'elle a pour protecteur le pacificateur de l'Europe, et pour apologistes tant de vénérables pasteurs, si respectables par l'empressement avec lequel ils ont saisi la première occasion réelle qui s'offroit pour calmer toutes les consciences, si forts du courage avec lequel ils ont supporté le mépris et la persécution de la philosophie, *seule bienfaitrice du monde?*

Je passerai légérement sur l'inconvenance d'associer Voltaire à Buffon qui, toujours moral dans ses pensées, toujours mesuré dans la manière de rendre les plus hardies, ne crut pas que son génie lui permettoit de refuser des explications à la Sorbonne, et qui donna ainsi, pour les autorités légalement établies, une preuve de respect que pouvoient imiter des écrivains qui avoient certainement moins de droits que lui pour en appeler à la postérité. Et Montesquieu! Montesquieu dont on n'oseroit se dire le disciple, dans la crainte d'être accusé d'amour-propre, Montesquieu confondu avec Voltaire! (1)

Je ne ferai, sur cette phrase, qu'une remarque qui montrera combien on devient timide quand on ment à sa conscience. Le *Publiciste* n'auroit pas mis le nom de Voltaire le premier, les deux suivans auroient fait un trop grand contraste; il ne l'auroit pas mis non plus le dernier, la chûte eût été trop lourde; il l'a placé dans le milieu, afin de le faire passer, pour ainsi dire, sans qu'on s'y arrêtât. Et c'est avec des finesses de ce genre qu'on croit tromper aujour-

(1) En séparant, dans cet homme extraordinaire, le littérateur du moraliste, j'ai suffisamment annoncé que je ne me permettois pas de le juger sous le premier titre; mais il faut répéter cela pour les critiques de mauvaise foi qui vous combattent dans une phrase, sur un mot, et jamais sur votre pensée.

d'hui des lecteurs éclairés par l'expérience !

C'est par une finesse de la même valeur que le *Publiciste* attribue à la philosophie des découvertes et des bienfaits dûs à la médecine, à la physique, à la patience, au bonheur de l'esprit humain, qui, chaque siècle, dérobe quelques connoissances nouvelles à la nature, soit par le travail, soit par hasard. Mais je ne veux pas discuter tout cet assemblage de mensonges ; il vaut mieux s'attacher à ce qu'on peut regarder comme des erreurs.

« *La philosophie du dix-huitième siècle* « *a épuré les mœurs nationales.* »

Avant la révolution, nous touchions à la fin du dix-huitième siècle, et les mœurs étaient bien mauvaises, sur-tout dans la partie active de la haute classe de la société, ce qui a puissamment contribué à la chûte de la classe entière. Depuis la révolution, les mœurs de tous les états sont celles de la haute classe de la société, avant 1789. Ceci est incontestable. Où est l'épuration ?

Le *Publiciste* ignore que le fond des mœurs est à-peu-près le même, dans tous

les

les temps, chez tous les peuples qui jouissent d'un grand luxe ; on n'a pas encore trouvé le moyen de parer à cet inconvénient ; cependant, je ne le crois pas impossible à découvrir. Les moeurs pouvoient être perverties à la fin du règne de Louis XIV, mais puisqu'il y avoit encore de l'*hypocrisie*, suivant l'expression du *Publiciste*, c'est une preuve qu'on n'avoit pas secoué tout respect humain, et que les moeurs publiques combattoient contre la perversité des moeurs privées. On abuse beaucoup du mot hypocrisie quand on l'applique à ce qui regarde les moeurs : ne pas se respecter dans sa conduite cachée, est sûrement un tort particulier que la morale désapprouve et que la religion condamne ; mais ne plus se respecter dans les autres, est un tort public.

Sous le Régent, on secoua tout respect humain, et les Français, pour la première fois, se piquèrent de mettre de l'éclat jusques dans leurs vices (1). Cependant, ce

---

(1) C'est cet éclat recherché en tout par les Français, c'est la manie de vouloir des vices brillans, qui

n'étoit pas encore là le dernier terme de la corruption ; il étoit réservé à la philosophie du dix-huitième siècle de l'atteindre. Elle érigea la corruption en système, elle appaisa les mouvemens de la conscience, elle montra à l'homme le néant après sa mort, et lui fit un besoin nécessaire de toutes les jouissances pendant sa vie. Lisez

---

a fait juger trop sévèrement leurs mœurs, et qui a fini par les rendre en effet mauvaises. Il est cependant une observation réelle qui ne doit pas échapper aux moralistes : Les Françaises sont les seules femmes de l'Europe qui, dans les premiers jours d'une liaison, s'arrangent idéalement pour leur vie entière ; par toute autre part, un moment n'est pris que pour ce qu'il dure. Maintenant, il s'en faut que nous ayons de bonnes mœurs ; mais il y a plus de fanfarons de libertinage, qu'il n'y avoit d'hypocrites sous Louis XIV. Une chose honteuse que nous devons à la dégradation révolutionnaire, c'est la rognure des pièces de monnoie. Rien ne donne une plus mauvaise idée d'un peuple, que de voir une défiance générale à cet égard ; cependant la défiance qui règne aujourd'hui en France, n'est rien en comparaison de celle qui existe en Angleterre. Avant de recevoir une pièce, on la fait sonner, on essaie de la ployer, on la mord ; et, après toutes ces épreuves, on la reçoit ou on la refuse sans être bien convaincu du motif par lequel on se décide.

les ouvrages philosophiques où les anecdotes scandaleuses sont prodiguées pour amener les têtes les plus légères à s'occuper d'une métaphysique qui les auroit épouvantées. Ces ouvrages existent. Voulez-vous une preuve plus forte? lisez les lettres dans lesquelles Voltaire renie la *Pucelle*, déclare ce poëme infame, s'emporte de ce qu'on le lui attribue; il n'en couroit alors que des copies. Quelques années après, cet ouvrage étoit dans les mains de tout le monde; des femmes auxquelles il étoit impossible de reprocher la moindre foiblesse, souffroient qu'on en parlât devant elles; elles faisoient plus, elles en parloient elles-mêmes comme l'ayant lu! Quelques années encore, et on le mit sans façon dans les Œuvres de Voltaire; la mère de famille le trouve dans la bibliothèque de son époux, sa fille aussi peut l'y surprendre (1). Y a-t-il

(1) Rien n'est plus beau, plus courageux que la manière dont M. Gaillard, dans son histoire de la *Rivalité de la France et de l'Angleterre*, a parlé de cette femme vraiment extraordinaire [le seul miracle historique dont les preuves soient incontestables], de

gradation de corruption dans tout cela ? Niez, si vous le pouvez. Niez aussi les éditions à bas prix que faisoit faire la secte philosophique, et qu'elle livroit, sans bénéfice, souvent à perte, aux colporteurs qui courent les villages, afin que ces marchands pussent donner des livres infames à meilleur marché que les livres pieux ou innocens qui quelquefois occupent les courts loisirs de l'habitant des campagnes. Et c'étoit au nom de *la seule bienfaitrice du monde* que s'exerçoit une corruption aussi cruelle ! . . . Mais quand je pense à qui je m'adresse, je souris des preuves que je lui donne.

« *La philosophie est la seule bienfaitrice du monde.* » On n'oseroit pas accorder un pareil privilége, même à la religion, et je ne conçois pas comment on peut être assez

---

cette héroïne qui, chez toutes les nations, eût obtenu des statues pour ses actions, des larmes pour ses malheurs, et que M. de Voltaire a prostitué avec une brutalité qui a réjoui son siècle, mais qui épouvantera la postérité. M. Gaillard, bon citoyen, bon écrivain, n'a voulu que des succès purs ; il a conservé à la vertu ses droits, et à l'histoire son style et son impartialité.

systématique pour attribuer tous les bienfaits de la civilisation à une seule cause. Depuis le dix-huitième siècle, on voit tous les écrivains donner tour-à-tour pour principe unique du bonheur de toutes les nations, le commerce, l'agriculture, la liberté, la république, la monarchie, les principes, la philosophie, et toujours ne choisir qu'une de ces causes pour y sacrifier toutes les autres. Le monde politique ne se gouverne pas ainsi, et c'est ce qui me fera répéter sans cesse qu'une vérité isolée n'est qu'un mensonge dans l'ordre social. Si la philosophie eût été la seule bienfaitrice du monde, la prédiction qui en assure la fin seroit accomplie depuis long-temps.

« *Partout où on verra rétrograder la phi-*
« *losophie, là on verra rétrograder en même*
« *temps l'industrie, la liberté et la morale*
« *du peuple. Le degré d'influence qu'elle*
« *exerce sur les gouvernemens, le degré de*
« *faveur dont elle y jouira, sera partout*
« *le thermomètre de la prospérité des na-*
« *tions.* »

J'écarte toutes les preuves du contraire que je pourrois trouver dans l'histoire qui nous montre les républiques anciennes s'abîmant pendant le règne de la philosophie ; j'écarte les preuves du contraire que je pourrois trouver dans les livres des philosophes, dans la révolution, dans la conduite des révolutionnaires qui tous se sont vantés d'être philosophes, et dont un principalement a dit à l'Europe entière, que la révolution étoit chargée d'acquitter les promesses de la philosophie : il ne croyoit pas avoir si cruellement raison. J'écarterai encore le témoignage du Roi de Prusse, grand connoisseur en philosophie, et qui écrivoit que s'il vouloit châtier une de ses provinces, il la feroit gouverner par des philosophes. Pour combattre *le Publiciste*, je change la définition que j'ai donnée au mot philosophie, et j'accepte la sienne que voici :

« *La philosophie n'est que l'application*
« *libre de la raison humaine à tout ce qui*
« *est de son ressort.* »

Certainement, rien n'est plus vague qu'une pareille définition ; mais qu'importe ! Il suffit que ces messieurs aient enfin consenti à en donner une pour être sûr de les vaincre.

Tout ce que la raison humaine peut concevoir est de son ressort ; ainsi, pour être philosophe *complet*, il faudra réunir en soi toutes les connoissances imaginables, car une seule qui seroit écartée suffiroit pour rompre la chaîne des vérités sur lesquelles repose l'ordre social. Malgré la prétention des écrivains du dix-huitième siècle à l'*Universalité*, je défie tous les apôtres de la philosophie de citer un homme auquel il n'ait manqué aucune connoissance. Il peut donc y avoir une *philosophie* qu'on désigne vaguement par l'application libre de la raison humaine à tout ce qui est de son ressort ; mais il est impossible qu'il y ait des *philosophes*. Les plus avancés ne seront toujours que des étudians en philosophie ; il faut donc qu'ils restent modestes, et qu'ils ne se donnent pas comme les précepteurs du monde. Surtout, comme ils ne peuvent augmenter leurs connoissances que dans la solitude, et par des études souvent abstraites, ils doivent éviter de se mettre au-dessus des hommes qui gouvernent, parce que ceux-ci seuls ont l'expérience. L'étude pratique l'emporte en tout sur l'étude théorique ; pour être convaincu de cette vérité, il suffit d'appliquer sa raison humaine, non à tout, mais à une partie de ce qui est de son ressort.

Certainement, personne n'arrive tout-à-coup à l'exercice de sa raison entière. Nous avons vu tant de philosophes se contredire, et quelques-uns, plus estimables, se dédire ! Descendons avec franchise dans le fond de notre ame, et avouons-le de bonne foi : nous sommes tous variables à l'infini, soit par nos passions, soit par nos intérêts, soit par notre amour-propre, soit surtout parce que l'expérience, ajoutant chaque jour à nos idées, augmente nos connoissances et rectifie celles que nous croyions posséder complettement. Qui peut répondre que, demain, une découverte due au hasard, ne va pas nous révéler toute l'absurdité des systêmes que nous regardons aujourd'hui comme d'une probabilité équivalente à la certitude. Quelles preuves exigera-t-on d'un homme avant de lui laisser faire une application *libre* de sa raison à tout ce qu'il croira de son ressort ? N'y aura-t-il, dans le monde, rien de fixe, rien de respectable, rien qui ne soit chaque jour exposé à un examen nouveau ? La morale, la politique, les lois ne seront-elles jamais en repos ? Exigera-t-on que les gouvernemens soient sans cesse occupés du soin d'avertir ceux qui, croyant faire un libre exercice de leur raison, compromettront de la meilleure foi du monde la tranquillité et la sûreté de l'Etat. Et si les gouvernemens sont sans cesse attaqués sans jamais répondre, n'en résultera-t-il pas nécessairement ce que nous avons tous vu : les gouvernemens s'écroulant sans deviner pourquoi et comment ils ont perdu leurs forces.

Et l'Angleterre, dira-t-on (1). — Et

(1) Il n'y a pas si long-temps que l'Angleterre est sortie de révolution, et si nous n'avions pas pris l'avance, qui sait dans quel état ce pays seroit aujourd'hui. La philosophie du dix-huitième siècle avoit amené les choses au terme où il étoit inévitable qu'une grande leçon politique fût donnée à un peuple pour l'instruction de tous les autres. L'Angleterre a profité

la France révolutionnée, répondrai-je; puis j'ajouterai : en Angleterre, on n'attaque que l'administration, parce qu'elle seule domine; en France, on attaque le gouvernement, parce qu'il est nécessairement le premier dans l'ordre des choses. En Angleterre, l'administration peut changer de mains sans danger, parce que les hommes qui la saisissent sont forcés d'agir comme ceux qui les ont précédés, sous peine de voir s'anéantir le crédit public, et par suite l'Etat. En France, le gouvernement ne peut changer de mains sans danger, parce que tout changement de gouvernement est une révolution dont le dernier terme ramène, par une force irrésistible, à la plûpart des principes que l'on avoit condamnés, ces principes étant liés, par le passé, à l'avenir de l'Etat aussi fortement que l'est, en Angleterre, le crédit public à la prospérité de la nation.

Si l'on repousse l'expérience des siècles,

---

de notre exemple; des ouvrages qui auroient excité de l'enthousiasme il y a dix ans, n'y sont plus reçus qu'avec mépris.

si cette expérience est soumise à l'application libre de la raison humaine, comme cette raison humaine n'est jamais complette dans aucun individu, chaque homme contribuera plus ou moins au malheur des nations, en s'imaginant travailler pour leur félicité. L'amour-propre nous trompant sur l'étendue de notre raison, et sur la quantité d'objets auxquels nous pouvons l'appliquer, chacun l'appliquera à ce qu'il y a de plus grand au monde, et nous aurons autant d'opinions que de discuteurs en politique, en morale et en législation ; c'est ce que nous avons vu. Ensuite viendra notre intérêt qui, brochant sur le tout, nous persuadera qu'après avoir dit, nous sommes en état de faire, et nous aurons autant de prétendans à toutes les places indistinctement que l'on comptera d'écrivains et de raisonneurs dans une nation : n'avoir point d'état, deviendra un motif suffisant pour se mettre à la charge du public ; c'est ce que nous voyons encore. Il faut avouer alors, une bonne fois pour toutes, qu'il n'y a de liberté, de prospérité, de morale que dans les démocraties, et, nous faisant tous démocrates, brisons, sans pitié comme sans remords, la France en cent morceaux, pour devenir libres, heureux, et pour avoir des mœurs. Les puissances de l'Europe acheveront notre ouvrage.

Deux objets importans dans l'ordre social, ne sont cependant point du ressort de la raison humaine; le premier est la religion lorsqu'elle est révélée; le second est le passé en tant qu'il commande à l'avenir.

Dieu a confié à notre foi des mystères qu'il n'a pas voulu soumettre à notre raison, pour écarter d'avance nos raisonnemens qui détruisent tout ce qu'ils embrassent : profondeur étonnante ! Lorsque la philosophie veut soumettre la religion à la raison humaine, elle se mêle donc d'une chose qui n'est pas de son ressort; et alors que penser des hommes qui ont fait tant de volumes pour prouver humainement la fausseté de la religion ? Sans doute, ils ne sont pas philosophes dans la définition donnée par le *Publiciste*; mais ils le sont incontestablement dans celle que j'ai choisie, et qui ne laisse aucune issue pour échappér. J'ai nommé Voltaire, le *Publiciste* l'a cité aussi ; qui de nous deux a raison ? Je n'ai pas confondu Montesquieu et Buffon, avec Voltaire ; le *Publiciste* les a mis sur la même ligne. Qui de nous deux a raison ?

J'ai dit que le passé n'étoit point du ressort de la raison ; tout ce qu'elle peut est d'essayer de le soumettre à sa critique ; mais il lui est impossible de le changer. Le passé se lie au présent, le présent à l'avenir, voilà la grande éternité ; conservez la même liaison dans ce qui regarde la politique, parce que cette liaison existe véritablement, et vous aurez la stabilité. Tout homme qui veut décider de l'avenir sans égard pour le présent, et changer le présent sans considération pour le passé, s'écarte des règles prescrites par la raison humaine dans tout ce qui est de son ressort. Au lieu de modifier, il détruit ; au lieu de réparer les fautes du temps, il les augmente. Les écrivains politiques du dix-huitième siècle, que je désigne comme principaux fauteurs de la révolution, entrent un peu dans la définition donnée par le *Publiciste*, et ils sont à jamais enfermés dans la mienne. Le

Publiciste a vanté Montesquieu en le mettant dans sa définition ; je l'ai fait sortir de la mienne pour avoir droit de parler de lui. Qui a raison du *Publiciste* ou de moi ?

Il est temps d'élever cette question à des considérations plus générales, et de chercher si l'influence de la philosophie sur les gouvernemens est le thermomètre de la prospérité des nations.

Le roi de Prusse composoit à lui seul tout le gouvernement de ses Etats, l'impératrice de Russie étoit dans la même position, et tous deux accueillirent la philosophie du dix-huitième siècle, avec plus ou moins d'illusions pendant plus ou moins de tems. Cette même philosophie faisoit trembler le gouvernement français ; elle a fini par le renverser, et n'a causé aucun mal réel à la Prusse et à la Russie : d'où vient cette différence ? Sous la tyrannie des assemblées délibérantes, la philosophie jouissoit d'un empire qu'il est impossible qu'elle conserve sous le gouvernement actuel : pourquoi cette différence ?

C'est que plus le gouvernement approche du despotisme, plus les peuples sont loin d'avoir une influence d'opinion assez forte pour être dangereuse ; c'est que plus le gouvernement approche du despotisme, plus il peut jouer avec la philosophie, et la regarder en effet comme une excursion de l'esprit humain dans le royaume des chimères. Que peut attaquer la philosophie sous les gouvernemens despotiques? Les institutions? il n'y en a pas qui soient indépendantes de la volonté du maître.

Au contraire, dans les vieux gouvernemens qui sont tous modérés [je n'en excepte que ceux où l'esprit de chevalerie n'a pas régné], et dans les gouvernemens nouveaux, qui sentant le besoin de s'appuyer sur les anciennes idées nationales, travaillent eux-mêmes à modérer leur pouvoir, comme il y a des institutions, des souvenirs et une grande somme de liberté accordée, la philosophie peut être dangereuse. Les balances politiques sont établies, soit légalement, soit par l'habitude, soit par la puissance de l'opinion ; si l'application libre de la raison humaine à tout ce qui est de son ressort parvient à ôter un poids du côté de la balance où pèse le gouvernement, pour le jeter dans le côté de la balance où pèse le peuple, l'équilibre sera rompu. C'est incontestablement ce qu'a fait la philosophie, même en ne l'envisageant que dans la définition donnée par le *Publiciste;* c'est ce qu'elle fera toujours, et ce qui la rend plus dangereuse pour les nations qui jouissent d'une certaine liberté, que pour les peuples qui n'en ont aucune. On peut, dans les pays habités par ces peuples, ôter bien des poids dans la balance où le gouvernement pèse seul, avant que le côté où repose la nation ait atteint l'équilibre. Plus les gouvernemens despotiques se rapprocheront des gouvernemens modérés, plus la philosophie y perdra de son influence; ce que j'avance pour l'avenir est déja sensible aujourd'hui en Prusse et en Russie. Dans ce dernier Empire particulièrement où l'on voit tout, parce que tout est encore neuf en fait de civilisation, on ne peut trop admirer avec quelle ardeur Catherine a travaillé, et l'Empereur actuel travaille à former des institutions, afin de n'être plus obligé de trop gouverner, afin surtout

tout d'agrandir la réputation de la Russie parmi les nations civilisées de l'Europe. Belle conception politique, la plus digue d'un souverain ; mais qui doit être conduite avec bien de la prudence.

« *Si le dix-neuvième siècle opère de plus* « *grandes choses, je dirai encore que c'est* « *parce qu'il a hérité de la philosophie du* « *dix-huitième siècle, et qu'il a su mettre en* « *valeur son héritage.* »

Je ne vois qu'une manière de combattre cette phrase, c'est de la répéter avec un léger changement.

Si le dix-neuvième siècle opère de plus grandes choses, c'est qu'il a hérité de *l'expérience* du dix-huitième siècle, et qu'il saura mettre en valeur son héritage.

Les malheurs dont nous avons été victimes, nous ont appris à juger cette philosophie, dans ses principes et dans ses résultats. Par ce que nous voyons, il nous est permis de prédire qu'elle n'a plus d'appui que dans la corruption dont elle a donné l'habitude ; l'esprit la repousse, les mœurs la soutiennent. Mais il est impossible que nos mœurs ne deviennent pas meilleures, et c'est alors que la philosophie sera jugée sévèrement. Quant aux hommes qui la défendent aujourd'hui, pourquoi s'effrayent-ils? Ils n'ont rien à craindre de la postérité.

FIN.

AUX JOURNAUX

Qui se disent de tous les sens et de tous les tons.

Je vous dédie ce volume : c'est une justice ; sans vous je ne l'aurois pas fait. Vous pouvez le critiquer en toute liberté, je vais vous répondre.

Sur ce qui me sera personnel, je garderai le silence ; car vous appelez orgueilleux ceux qui s'opposent à votre orgueil, comme Jocrisse, se battant à l'épée, appelle brutal celui qui le frappe en se défendant.

Si l'amour de la vérité nous anime, si vous croyez que la critique des faits et des opinions puisse éclairer le public, attaquez les faits et les opinions ; mais pour que l'éclaircissement soit complet, annoncez que vos journaux seront ouverts à mes réponses. C'est en déposant le pour et le contre dans le même recueil qu'on met les lecteurs en état de prononcer.

Si vous acceptez cette proposition, qui est celle d'un homme disposé à reconnoître qu'il s'est trompé quand on le lui prouve, voici mes conditions :

Sur l'Angleterre, comme nous n'avons chacun que notre opinion, nous prendrons pour arbitres les quatre auteurs que le *Journal de Paris* m'a opposés. Ce n'est pas moi qui les ai choisis. Si ces quatre auteurs ne s'accordent pas, ce qui est possible et même probable, nous essayerons par les faits de remonter aux causes, et le public en décidera.

Vous ne combattrez mes opinions sur la philosophie du dix-huitième siècle, qu'en vous conformant à la définition que j'ai donnée ; j'agirai de même à votre égard, en ne vous combattant que selon votre définition.

Vous garderez l'anonyme si vous voulez, comme vous avez fait jusqu'à présent ; moi, je signerai.

Comme, pour vous combattre, j'ai toujours présenté vos objections toutes entières ; en me combattant, vous n'isolerez pas une phrase des autres phrases qui l'encadrent et servent à l'expliquer. Nous laisserons les discussions grammaticales, parce qu'au terme où nous en sommes, il n'est pas question de mots, mais de l'anglomanie considérée par rapport à la France, et de la philosophie du dix-huitième siècle considérée dans ses rapports avec notre avenir.

Si la philosophie est la seule bienfaitrice du monde, elle ressemble si fort à la divinité, qu'il lui est impossible d'employer la ruse et le mensonge. Vous, qui êtes ses organes, ne la déshonorez pas.

www.ingramcontent.com/pod-product-compliance
Ingram Content Group UK Ltd.
Pitfield, Milton Keynes, MK11 3LW, UK
UKHW012019240726
13965UKWH00002B/457